KADEN

E. Martin · Ch. Herfarth · H. J. Buhr · J. Motsch
(Herausgeber)

Autologe Bluttransfusion

Juristische und medizinische Aspekte

Kaden Verlag

Herausgeber

Prof. Dr. med. Eike Martin
PD Dr. med. Johann Motsch
Klinik für Anästhesiologie
der Universität
Kirschnerstraße 1
6900 Heidelberg

Prof. Dr. med. Christian Herfarth
Prof. Dr. med. Hans-Jürgen Buhr
Chirurgische Klinik und Poliklinik
der Universität
Kirschnerstraße 1
6900 Heidelberg

Die Deutsche Bibliothek – CIP-Einheitsaufnahme

Autologe Bluttransfusion: juristische und medizinische Aspekte/
E. Martin ... (Hrsg.) – Heidelberg: Kaden, 1992
ISBN 3-922777-12-0; NE: Martin, Eike (Hrsg.)

Satz: Fotosatz pick up, Brenner & Günther GmbH, 6900 Heidelberg
Druck: Druckhaus Beltz, 6944 Hemsbach

Inhalt

Autoren

Dr. med. V. Ewerbeck, Orthopädische Univ.-Klinik, 6900 Heidelberg, Schlierbacher Landstraße 200 A

Dr. med. F. Fleischer, Klinik für Anästhesiologie der Universität, 6900 Heidelberg, Kirschnerstr. 1

Priv. Doz. Dr. med. J. Gauwerky, Univ.-Frauenklinik, 6900 Heidelberg, Voßstraße 9

Dr. jur. P. Kerbel, Justitiariat des Universitätsklinikums, 6900 Heidelberg, Voßstraße 2

Priv. Doz. Dr. Dr. med. D. Mathias, Chirurgische Klinik der Universität, 6900 Heidelberg, Kirschnerstr. 1

Dr. med. B. Paetz, Chirurgische Klinik der Universität, 6900 Heidelberg, Kirschnerstr. 1

Dr. med. H. Polarz, Klinik für Anästhesiologie der Universität, 6900 Heidelberg, Kirschnerstr. 1

Priv.-Doz. Dr. med. A. Quentmeier, Chirurgische Klinik der Universität, 6900 Heidelberg, Kirschnerstr. 1

Dr. med. R. Schönstedt, Klinik für Anästhesiologie der Universität, 6900 Heidelberg, Kirschnerstr. 1

Dr. med. Ch. Vahl, Abteilung für Herzchirurgie, Chirurgische Klinik der Universität, 6900 Heidelberg, Kirschnerstr. 1

Prof. Dr. med. h. c. W. Weißauer, Justitiar des Berufsverbandes Deutscher Anästhesisten, 8500 Nürnberg 1, Obere Schmiedgasse 12

Vorwort

Die Richtlinien der Bundesärztekammer legen eindeutig fest, welche Voraussetzungen und Auflagen bei der Herstellung von Blutkonserven und -produkten erfüllt sein müssen und wie der transfundierende Arzt sich zu verhalten hat. Trotz dieser strengen beispielhaften Vorgaben beinhaltet jede homologe Bluttransfusion für den Empfänger äußerst unerwünschten immunologischen Nebenwirkungen ein gewisses Restrisiko, eine Infektion oder eine transfusionsbedingte Komplikation zu erleiden. Fremdbluttransfusionen einzusparen bzw. gänzlich zu vermeiden, sind vor allem in der operativen Medizin ein großes Anliegen. Derartige Bemühungen sind in Zukunft umso intensiver zu verfolgen, zumal die Öffentlichkeit durch das Urteil des Bundesgerichtshofs (Az. VI ZR 40/91) vom 17. Dezember 1991 für dieses Problem sensibilisiert wurde. Daraus ergibt sich die zwingende Notwendigkeit für die operative Medizin, sich mit diesem Problem auseinanderzusetzen.

Im vorliegenden Buch, das allen Interessenten als Richtlinie dienen soll, werden die relevanten Fragen zu diesem Themenkomplex abgehandelt. Grundlage der Beiträge ist ein Seminar mit dem Thema: „Autologe Transfusion: Juristische und medizinische Aspekte", das gemeinsam von der Anästhesiologischen und Chirurgischen Universitätsklinik Heidelberg am 14. März 1992 durchgeführt wurde. Juristische Grundlagen und Fragen zur Aufklärungspflicht werden ebenso behandelt wie die Frage nach den apparativen und personellen Voraussetzungen für die Eigenblutspende. Speziell aus anästhesiologischer Sicht werden die Verfahren der Hämodilution, der intraoperativen Autotransfusion und der Plasmapherese dargestellt. Neue, derzeit noch experimentelle Befunde zur maschinellen Autotransfusion in der Tumorchirurgie lassen das fremdbluteinsparende Konzept in naher Zukunft auch beim Tumorpatienten Realität werden. Desweiteren werden aus der Sicht der einzelnen operativen Disziplinen die Indikationen für fremdbluteinsparende Maßnahmen und die autologe Transfusion beschrieben. Neben blutsparenden Operationstechniken sind die Besonderheiten des einzelnen Faches zu berücksichtigen. Der dargestellte Handlungskatalog entspricht dem derzeitigen Vorgehen in den Kliniken der Universität Heidelberg. Bei der Umsetzung dieses Konzepts sind die lokalen Besonderheiten jedes Krankenhauses zu berücksichtigen. Eine interdisziplinäre Vorgehensweise wie in Heidelberg empfiehlt sich bei der Umsetzung dieses Vorhabens. Die Herausgeber hoffen, mit diesem Buch dafür eine Grundlage geschaffen zu haben. Die gewählte Form der Ausgabe soll darüber hinaus ermöglichen, daß das Buch zum Nachschlagen am Krankenbett oder im Operationssaal jederzeit verfügbar ist.

Die Herausgeber — Heidelberg, im April 1992

Bundesgerichtshof

Urteil VI ZR 40/91 vom 17.12.1991

Patienten sind immer dann über das Risiko einer Infektion mit Hepatitis und AIDS bei der Transfusion von Fremdblut aufzuklären, wenn es für den Arzt ernsthaft in Betracht kommt, daß bei ihnen intra- oder postoperativ eine Bluttransfusion erforderlich werden kann. Darüberhinaus sind solche Patienten auf den Weg der Eigenblutspende als Alternative zur Transfusion von fremdem Spenderblut hinzuweisen, soweit für sie diese Möglichkeit besteht.

Tatbestand

Bei der Klägerin wurde am 18. Februar 1987 in der Frauenklinik der Städtischen Kliniken der Erstbeklagten eine Hysterektomie vorgenommen. Der Zweitbeklagte ist der leitende Arzt dieser Klinik. Die Klägerin erhielt während und nach der Operation Bluttransfusionen. Dabei wurden Frischplasma-Konserven und Erythrozyten-Konzentrate verwendet. Die Frischplasma-Konserven stammten von der früheren Drittbeklagten. Hersteller der Erythrozyten-Konzentrate war der viertbeklagte Blutspendedienst.

Die Klägerin hat behauptet, der Zweitbeklagte habe die Operation bei ihr vorgenommen. Die Bluttransfusionen hätten Hepatitis-Erreger und HI-Viren enthalten, die bei ihr eine Non-A-Non-B-Hepatitis und eine AIDS-Infektion ausgelöst hätten.

Die Klägerin hat die Auffassung vertreten, sie hätte im Krankenhaus der Erstbeklagten über die entsprechenden Risiken einer Bluttransfusion und deren Vermeidung durch Transfusion von patienteneigenem Blut aufgeklärt werden müssen.

Mit ihrer Klage hat die Klägerin die Feststellung begehrt, daß die Beklagten verpflichtet seien, ihr als Gesamtschuldner den aus der Operation vom 18. Februar 1987 noch entstehenden Schaden zu ersetzen. Außerdem hat sie ein angemessenes Schmerzensgeld verlangt.

Das Landgericht hat durch Teilurteil die gegen die Beklagten zu 1) und 2) gerichtete Klage abgewiesen. Die Berufung der Klägerin hatte keinen Erfolg. Mit ihrer Revision verfolgt die Klägerin ihre Klageansprüche weiter. – Die Revision hat Erfolg. Das Berufungsurteil wird aufgehoben; die Sache wird zurückverwiesen.

Entscheidungsgründe

I. Das Berufungsgericht hat keine Feststellungen dazu getroffen, ob die bei der Klägerin ab dem 13. April 1987 in der Medizinischen Klinik der Erstbeklagten behandelte Hepatitis und die behauptete AIDS-Erkrankung der Klägerin durch die Bluttransfusionen anläßlich des Eingriffs am 18. Februar 1987 ausgelöst worden sind.
Das Berufungsgericht hat festgestellt, daß der Zweitbeklagte an der Operation der Klägerin vom 18. Februar 1987 nicht beteiligt war, daß diese Operation vielmehr der Oberarzt Dr. A unter Assistenz der Ärzte Dr. H und Dr. K vorgenommen hat. Im Hinblick darauf verneint das Berufungsgericht eine Haftung des Zweitbeklagten, zumal es auch nicht feststellen konnte, daß die Anschaffung, Lagerung und Verteilung der in den Städtischen Krankenanstalten verwendeten Blutkonserven damals in den Organisationsbereich des Zweitbeklagten fiel.
Die Abweisung der Klage gegen die erstbeklagte Stadt als Krankenhausträgerin hat das Berufungsgericht auf folgende Erwägungen gestützt: Da die Erstbeklagte Blutkonserven nicht selbst herstelle, könne von ihr nur erwartet werden, daß sie bei deren Beschaffung und Lagerung durch geeignete Organisationsmaßnahmen Vorkehrungen treffe, damit Patienten nicht mit verseuchtem Blut behandelt werden. Versäumnisse der Erstbeklagten in diesem Zusammenhang habe die Klägerin jedoch nicht geltend gemacht; sie seien auch nicht ersichtlich. Eine Verpflichtung der Erstbeklagten zur Untersuchung aller Blutkonserven durch ihr Laborpersonal bestehe nicht.
Die Erstbeklagte hafte auch nicht deswegen der Klägerin auf Schadensersatz, weil diese nicht über das Risiko aufgeklärt worden sei, im Falle der Notwendigkeit von Bluttrans-

fusionen aufgrund verseuchter Blutkonserven mit Hepatitis oder mit dem AIDS-Virus infiziert werden zu können. Eine solche Aufklärung werde von den behandelnden Ärzten nicht geschuldet. Es habe für diese auch keine Verpflichtung bestanden, auf die Möglichkeit einer Bluttransfusion mit patienteneigenem Blut (autologe Transfusion) hinzuweisen.

II. Das Berufungsurteil hält den Angriffen der Revision nicht stand.

1. Rechtlich einwandfrei und von der Revision nicht angegriffen ist das Berufungsgericht allerdings zu der Feststellung gelangt, der Zweitbeklagte sei persönlich nicht an der Operation der Klägerin beteiligt und auch für die Anschaffung, Lagerung und Verteilung der Blutkonserven im Krankenhaus der Erstbeklagten nicht verantwortlich gewesen.

2. Es liegt auch kein Rechtsfehler darin, daß das Berufungsgericht von der Erstbeklagten nicht verlangt, die in ihren Kliniken verwendeten Blutkonserven vor deren Verwendung durch ihr Laborpersonal auf etwaige Verseuchungen durch Hepatitis- oder AIDS-Erreger hin untersuchen zu lassen (vgl. insoweit schon LG Düsseldorf. NJW 1990, 2325). Sie genügte ihren Sorgfaltspflichten, wenn sie sicherstellte, daß sie die benötigten Blutkonserven nur von ihr als zuverlässig bekannten Herstellern bezog, welche die Gewähr dafür boten, daß sie die Richtlinien und Bestimmungen zur Vermeidung verseuchter Blutkonserven beachteten und alle darüberhinaus etwa noch erforderlichen Vorkehrungen trafen, um nur Blutkonserven ohne Krankheitskeime an die Kliniken zu liefern. Im Revisionsverfahren ist davon auszugehen, daß die Erstbeklagte diese Verpflichtungen erfüllt hat, da das Berufungsgericht darauf abstellt, daß die Klägerin Versäumnisse der Erstbeklagten in diesem Zusammenhang nicht geltend gemacht hat und die Revision sich hiergegen nicht wendet.

3. Aufgrund der bisher getroffenen tatsächlichen Feststellungen ist jedoch die Auffassung des Berufungsgerichts nicht zu rechtfertigen, die Klägerin habe im Krankenhaus der Erstbeklagten nicht darüber aufgeklärt werden müssen, daß sich bei ihrer Operation unter Umständen die Notwendigkeit einer Bluttransfusion ergeben konnte, daß bei einer Bluttransfusion von fremdem Blut eine AIDS- bzw. Hepatitis-Infektion über das transfundierte Blut möglich war und daß dieses Risiko durch eine Bluttransfusion mit vorher gespendetem eigenen Blut abgewendet werden konnte.
a. Zutreffend weist das Berufungsgericht allerdings darauf hin, daß ein Operateur grundsätzlich bei jedem Patienten die Kenntnis der allgemeinen Risiken operativer Eingriffe voraussetzen darf (Senatsurteil vom 23. Oktober 1979 = VI ZR 197/78 – EBE 1979, 417 = NJW 1980, 633, 635 = VersR 1980, 68, 69 = AHRS 4280/3; vgl. auch Senatsurteile vom 25. November 1975 = VI ZR 122/73 = VersR 1976, 369, 370 = AHRS 4650/1; vom 27.6.1978 = VI ZR 183/76 = EBE 1978, 358 = VersR 1978, 1022 = AHRS 4280/2 [insoweit nicht in BGHZ 72, 132]; vom 19. November 1985 = VI ZR 134/84 = NJW 1986, 780 = VersR 1986, 342 = AHRS 4400/5; vom 14. Februar 1989 = VI ZR 85/88 = EBE/EGH 1983, 180 = NJW 1989, 1533 = VersR 1989, 514, 515 [insoweit nicht in BGHZ 106, 391]. Es handelt sich hier um die Risiken, die mit jeder größeren, unter Narkose vorgenommenen Operation verbunden sind und mit denen ein Patient im allgemeinen rechnet, z.B. Wundinfektionen, Narbenbrüche, Embolien (Senatsurteile vom 23. Oktober 1979, aaO und vom 19. November 1985 aaO). Der Arzt kann im allgemeinen davon ausgehen, daß auch sein Patient – ebenso wie die Allgemeinheit – dieses medizinische Basiswissen besitzt (vgl. Giesen, Arzthaftungsrecht, 1990 S. 162). Einzelhinweise sind danach gegenüber einem Patienten, dem diese allgemeinen Risiken nicht verborgen sind, nur erforderlich,

soweit sich Komplikationen in eine Richtung entwickeln können, die für ihn als Laien überraschend sein muß, und auch da nur, wo sie zu Ausfällen führen können, die in seinen besonderen Lebensverhältnissen erkennbar besonders schwerwiegend wären (Senatsurteil vom 23. Oktober 1979, aaO).

b. Dem Berufungsgericht mag auch in seiner Auffassung zu folgen sein, es sei allgemein bekannt, daß der bei einem operativen Eingriff etwa eingetretene Blutverlust nötigenfalls durch Bluttransfusion ausgeglichen werden muß. Es ist aber, worauf auch die Revision hinweist, schon fraglich, ob jeder Patient, der sich einer größeren Operation, z.B. der Eröffnung des Bauchraumes, unterzieht, damit rechnet, daß bei ihm während der Operation ein solcher Blutverlust eintritt, der eine Bluttransfusion erforderlich machen kann. Die Revision rügt jedenfalls mit Recht, die weitere Annahme des Berufungsgerichts verstoße gegen die Lebenserfahrung, wonach der behandelnde Arzt im Krankenhaus der Erstbeklagten vor der Operation der Klägerin im Jahre 1987 im Hinblick auf die damals öffentlich geführte Diskussion über das Vordringen der AIDS-Erkrankungen habe annehmen dürfen, der Klägerin seien auch die möglichen Folgen einer Bluttransfusion mit Fremdblut, insbesondere die Gefahr einer AIDS-Infektion, bekannt. Zutreffend weist die Revision darauf hin, daß die Gefahr, durch Blutübertragung an AIDS zu erkranken, jedenfalls nicht im Vordergrund der öffentlichen Erörterung stand, sondern die Infektion innerhalb bestimmter Risikogruppen und durch sexuellen Kontakt mit Angehörigen dieser Gruppen. Das ist im jetzigen Zeitpunkt nicht anders. Gemäß der Bekanntmachung des Bundesgesundheitsamtes vom 6. Juni 1988 (BGesundhBl 1988, 224) bestand zu dieser Zeit sogar in Fachkreisen noch verbreitet Unklarheit über die Sicherheit hinsichtlich des Risikos einer HIV-Infektion bei der Anwendung von Blut oder Blutkonserven. Für die (noch größere) Gefahr der Hepatitis-Infektion durch Fremdbluttransfusion (vgl. v. Bormann sowie Schleinzer/Mehrkens in: Menzel/Calaminus, Perioperative Eigenblutnutzung, 1988, S. 1, 4 bzw. 16) kann hinsichtlich des Erfahrungswissens der Patienten nichts anderes gelten als hinsichtlich der Gefahren einer AIDS-Infektion.

Weder im Jahre 1987 noch ist heute in bezug auf die Transfusionshepatitis und die Gefahr einer AIDS-Infektion durch Bluttransfusionen absolute Sicherheit zu garantieren (vgl. Schleinzer/Mehrkens, aaO; Weißauer, MedR 1987, 272, 273; Deinhardt/Abb. BGesundhBl 1986, 266; Kubanek/Koerner, DMW 1986, 516). Trotz aller Sicherheitsmaßnahmen kann es z.B. zu einer HIV-Infektion über die Blutspende einer frisch infizierten, noch antikörperfreien Person kommen (Bundesgesundheitsamt, aaO).

Eine HIV-Kontaminierung von Blutkonserven ist sowohl für den Empfänger des Bluts als auch für dessen Kontaktpersonen mit verheerenden Konsequenzen verbunden (vgl. Senatsurteil vom 30. April 1991 = VI ZR 178/90 = EBE/BGH 1991, 189 = VersR 1991, 816, 818). Auch eine Transfusionshepatitis kann für den Betroffenen zu einer erheblichen gesundheitlichen Beeinträchtigung führen. Solange diese Risiken nicht ausgeschlossen werden können, ist deshalb vor einer Operation eine Aufklärung des Patienten über das Risiko einer Infektion mit Hepatitis oder AIDS durch Transfusion von Fremdblut jedenfalls immer dann erforderlich, und zwar rechtzeitig vor der Operation, wenn es für den Arzt ernsthaft in Betracht kommt, daß bei diesem Patienten intra- oder postoperativ eine Bluttransfusion erforderlich werden kann.

Darüberhinaus ist in Fällen wie hier – jedenfalls nach heutigen Maßstäben – zu verlangen, daß der Patient, soweit diese Möglichkeit für ihn besteht, auf den Weg der Eigenblut-

spende als Alternative zur Transfusion von fremdem Spenderblut hingewiesen wird.
In der medizinischen Wissenschaft wird inzwischen die Eigenblutspende als die sicherste und risikoärmste Form der Blutübertragung bezeichnet (vgl. Schleinzer u.a., Anästhesiologie und Intensivmedizin 1987, 235, 239; Ramge in Menzel/Calaminus, aaO, S. 54, 57; Weißauer, Anästhesiologie und Intensivmedizin, 1989, 376, 377: Ergänzende Empfehlungen zu den Richtlinien zur Blutgruppenbestimmung und Bluttransfusion der Bundesärztekammer über Eigenblutspende und Eigenbluttransfusion, Anästhesie und Intensivmedizin 1988, S. 91), weil sie vor allem die Gefahr der Übertragung von Krankheiten wie Hepatitis und AIDS unmöglich macht (vgl. v. Finck u. a., Anästhesist 1985, 675, 676; Sachs in Menzel und Calaminus, aaO, S. 72, 75; Schleinzer/Mehrkens, aaO, S. 16, 24), und gegenüber der Bluttransfusion von Fremdblut weitere Vorteile bietet. Danach wird die Transfusion von Eigenblut dort, wo sie machbar ist, als eine der Fremdbluttransfusion vorzuziehende Maßnahme betrachtet (vgl. v. Bormann, aaO S. 3 m. w. N.) und es für wünschenswert gehalten, alle geeigneten Eingriffe und Patienten in die Hämotherapie durch Eigenblutspenden einzubeziehen (vgl. Sachs, aaO, S. 78).
Ist das aber der Fall, dann ist der Patient nach den Grundsätzen zur Aufklärung über Behandlungsalternativen (vgl. Senatsurteile vom 22. September 1987 – VI ZR 238/86 = BGHZ 102, 17, 22 ff = EBE 1987, 426 = AHRS 5000/19 und vom 24. November 1987 = VI ZR 65/87 = BGH-Ls 36/88 = VersR 1988, 190, 191 = AHRS 5000/21) auch über die Vorzüge und Nachteile der beiden Transfusionsmethoden aufzuklären und mit ihm abzustimmen, ob die etwaige Transfusion mit eigenem oder fremdem Blut durchgeführt werden soll. Insoweit gilt nichts anderes als in den Fällen, in denen z.B. abzuwägen ist, ob eine Operation in Periduralanästhesie

anästhesie oder Allgemeinnarkose auszuführen ist (vgl. Senatsurteile vom 12. Februar 1974 = VI ZR 141/72 = EBE 1974, 162 = VersR 1974, 752 = AHRS 4230/1 und vom 22. Dezember 1987 = VI ZR 32/87 = EBE 1988, SS = VersR 1988, 493, 494 = AHRS 5000/22). Selbst wenn, wovon das Berufungsgericht ausgeht, im Jahre 1987 im Hinblick auf die schon damals öffentlich geführte Diskussion mit der Möglichkeit einer AIDS-Erkrankung als Folge einer Bluttransfusion mit fremdem Blut weithin gerechnet wurde, so konnte doch die Aufklärung über die Bluttransfusion mit Eigenblut und deren Vorzüge grundsätzlich nicht entfallen, da die Ärzte jedenfalls nicht annehmen konnten, daß auch diese Vorzüge ihren Patienten bekannt waren.

4. War die Klägerin über die möglicherweise eintretende Notwendigkeit einer Bluttransfusion und die Möglichkeit einer Eigenblutspende und deren Vorzüge gegenüber einer Fremdbluttransfusion aufzuklären, so kann auch der Zweitbeklagte als Chefarzt der Frauenklinik der Erstbeklagten, unabhängig davon, ob er selbst operiert hat, der Klägerin gegenüber persönlich haften, wenn wegen einer von ihm verschuldeten ungenügenden Organisation die Aufklärung der Klägerin nicht umfassend genug war. Denn er war als leitender Arzt verpflichtet, für eine ordnungsgemäße Aufklärung der Patienten in seiner Klinik zu sorgen (vgl. Senatsbeschluß vom 29. Januar 1985 = VI ZR 92/84 = AHRS 4490/2 b; vgl. auch Senatsurteil vom 10. Juli 1954 = VI ZR 45/54 = AHRS 0470/3 zur Haftung des Krankenhausträgers wegen Organisationsverschuldens des Chefarztes, wenn Anweisungen zur Patientenaufklärung fehlen). Der Zweitbeklagte hätte dann nämlich organisatorisch sicherstellen müssen, daß bei Patienten, bei denen längerfristig eine Operation geplant und operationsbedingt eine Bluttransfusion erforderlich werden konnte, die Möglichkeit einer Eigenbluttransfusion geprüft wurde und sie, wenn diese medizinisch möglich

war, über die unterschiedlichen Formen der Bluttransfusion und ihrer verschiedenen Risiken aufgeklärt wurden.
III. Bei dieser Sachlage muß das Berufungsurteil aufgehoben und die Sache zur anderweiten Verhandlung und Entscheidung an das Berufungsgericht zurückverwiesen werden. In der neuen Verhandlung wird das Berufungsgericht zunächst zu prüfen haben, ob die Klägerin für eine Eigenblutspende und -transfusion in Betracht kam, ob in dem Zeitpunkt, in dem diese hätte vorbereitet werden müssen, in der medizinischen Wissenschaft das Bewußtsein hierfür schon so geschärft war, daß Transfusionen mit Eigenblut als echte Alternative zu der Transfusion von fremdem Spenderblut anerkannt waren, und ob in der Klinik der Erstbeklagten bzw. bei Blutspendediensten, etwa der früheren Viertbeklagten, bzw. transfusionsmedizinischen Instituten in dem Bereich, aus dem sie ihre Blutkonserven bezog, die personellen, apparativen und räumlichen Voraussetzungen hierfür bestanden.

P. Kerbel

Autologe Transfusion Juristische Notwendigkeit für die Aufklärung

Wenn ernsthaft, intra- oder postoperativ, die Erforderlichkeit einer Bluttransfusion in Betracht kommt, muß ein Arzt aus der jeweiligen operativen Disziplin auf eine vorhandene Möglichkeit der Eigenblutspende als Alternative zur Transfusion mit Fremdblut hinweisen. Vorteile und Risiken der Varianten sind darzulegen, sofern und solange diese Alternativen bestehen. Bei den Risiken ist AIDS ausdrücklich zu nennen. Das Aufklärungsgespräch ist handschriftlich zu dokumentieren. Jeder Klinik bzw. Abteilung ist dringend zu raten, einen Katalog zu erstellen, der alle Eingriffe erfaßt, bei denen mit Transfusionen ernsthaft zu rechnen ist und bei denen die Alternative Fremdblut/Eigenblut zur Auswahl steht.

Die Aufklärung des Patienten, bei dem eine Bluttransfusion erforderlich werden kann, ist eingebettet in allgemeine Grundsätze zur Patientenaufklärung. Notwendigkeit, Zeitpunkt und Umfang leiten sich ab aus grundsätzlichen Vorgaben, wobei das Urteil des Bundesgerichtshofes (BGH) vom 17.12.1991 Anlaß gibt, die besonderen Anforderungen darzulegen, die sich im Zusammenhang mit Bluttransfusionen und deren möglichen Techniken ergeben.

Allgemeine Grundsätze

Die ärztliche Aufklärungspflicht resultiert bei jedem Eingriff aus dem Selbstbestimmungsrecht des Patienten. Er kann rechtswirksam in einen Eingriff nur dann einwilligen, wenn ihm u. a. denkbare Komplikationen aufgezeigt werden, die für ihn als Laien überraschend sind. Es unterliegt auch der Kompetenz des Patienten, sich unter mehreren zur Verfügung stehenden Behandlungsalternativen, lägen sie beispielsweise auf operativem oder anästhesistischem Gebiet, für eine bestimmte zu entscheiden, besonders dann, wenn Ausfälle zu besorgen sind, die besonders schwerwiegend in seine Lebensverhältnisse eingreifen. Er kann dies nur tun, wenn ihm vorab die jeder Methode immanenten Chancen und Risiken aufgezeigt wurden.

Urteil des BGH vom 17. 12. 1991

Ein Verstoß gegen das Selbstbestimmungsrecht ist strafrechtlich als Körperverletzung sanktioniert und kann Schadensersatzansprüche begründen.
Diese Grundsätze hatte der BGH auf eine Klage einer Patientin anzuwenden, bei der 1987 eine Hysterektomie vorgenommen wurde. Die Patientin erhielt intra- und postoperativ Bluttransfusionen, wobei Frischplasma-Konserven und Erythrozyten-Konzentrate verwendet wurden. Die Bluttransfusionen hatten Hepatitis-Erreger und HI-Viren enthalten, die bei ihr eine Non-A-Non-B-Hepatitis und eine AIDS-Infektion auslösten.
Die Patientin hat ihre Klage darauf gestützt, daß fehlerhaft unterlassen worden sei, sie über die Übertragungsrisiken und deren Vermeidung durch autologe Transfusion aufzuklären.
Unter Anwendung der zuvor aufgezeigten allgemeinen Grundsätze ist der BGH zu der Entscheidung gelangt, daß der Patient bei Gabe von Fremdblut grundsätzlich über das Hepatitis- und AIDS-Risiko aufzuklären sei. Es stehe nämlich nicht im Allgemeinwissen des Patienten und sei für ihn also eine überraschende Folge, daß sich bei Transfusion von Fremdblut - bis heute unvermeidbar - Hepatitis- und AIDS-Infektionsrisiko verwirklichen könne.
Ebensowenig wisse der unaufgeklärte Patient, daß mit der Eigenblutspende eine Alternative zur Verfügung stehe, die - wo immer sie möglich sei - sich als die sicherste und risikoärmste Form der Blutübertragung erwiesen habe. Insbesondere weise sie den Vorteil auf, daß Übertragung von Hepatitis und AIDS unmöglich sei.
Aus all diesen Überlegungen heraus kam der BGH zu der Entscheidung, daß der Patient aufzuklären ist - über das

Hepatitis- und AIDS-Risiko der Fremdblutspende und über die Alternative Eigenblutspende, freilich nur dann, wenn diese Alternative bei ihm überhaupt möglich ist.
Ist die Diktion des Urteiles im Grundsätzlichen eindeutig, so wird die Frage, welche Patienten wann, von wem und wie über bestehende Alternativen aufzuklären sind, eher allgemein oder gar nicht beantwortet, wofür freilich bei dem zur Entscheidung anstehenden Fall teilweise auch noch kein Anlaß bestand.
Gleichwohl sind dies gewichtige Aspekte, auf die im folgenden eingegangen wird.

Ernsthaftes In-Betracht-Kommen einer Bluttransfusion

Die Frage, welche Patienten aufzuklären sind, hat der BGH dahingehend beantwortet, daß dies diejenigen Patienten sein müssen, bei denen intra- oder postoperativ eine Bluttransfusion *ernsthaft* erforderlich werden kann.
Maßstab ist also die Ernsthaftigkeit des In-Betracht-Kommens, sowohl einer Transfusion als auch deren möglicher Alternative Fremd-/Eigenblut.
Dies sagt zunächst nicht mehr aus, als daß längst nicht vor jedem Eingriff die Alternative Fremdblut/Eigenblut in die Aufklärung einbezogen sein muß. So scheiden diejenigen Fälle aus, bei denen Eigenblutgabe aus Gründen der Patientenerkrankung, etwa bei Anämie oder nach frischem Herzinfarkt, Patientenkonstitution oder vielleicht auch dessen Alter überhaupt nicht möglich ist.
Es scheiden aber auch diejenigen Fälle aus, bei denen wegen zu kurzer Zeitspanne zwischen Indikationsstellung und

unaufschiebbar werdendem Eingriff Eigenblutspende und Eigenblutgabe nicht darstellbar sind.
Wann aber im übrigen die Schwelle zur Ernsthaftigkeit des In-Betracht-Kommens überschritten wird, wird sich nur von Klinik zu Klinik für den jeweils geplanten Eingriff entscheiden lassen.
Es ist schwierig, bestimmte Prozentzahlen zu nennen, ab denen Ernsthaftigkeit bejaht werden müßte. Schon aus Gründen ärztlichen Eigenschutzes rate ich, den Begriff der Ernsthaftigkeit extensiv statt restriktiv auszulegen. Nur so könnte dem Vorwurf begegnet werden, bei Indikationsstellung die Ernsthaftigkeit einer möglichen, sich später als notwendig herausgestellten Bluttransfusion falsch prognostiziert zu haben. Es gibt Urteile, die die Aufklärungspflicht zu Schadensfolgen statuieren, deren Komplikationsdichte nur wenig über 1 % liegt.
Nach diesem Maßstab sollte jede Abteilung einen Katalog erstellen. Dieser Katalog müßte zum einen all diejenigen Eingriffe erfassen, bei denen ernsthaft mit einer Bluttransfusion zu rechnen ist. Besonderheiten der jeweiligen Klinik, deren Operateure und deren Operationstechniken wären hierbei zu berücksichtigen. In diesem Katalog sollte auch aufgelistet sein, mit welchem Konservenverbrauch zu rechnen ist. Zum anderen müßte ausgewiesen werden, bei welchen dieser Eingriffe es möglich ist, alternativ Fremd- oder Eigenblut zu transfundieren. Gewissermaßen sollten Eigenblutprogramme erstellt und erfaßt werden.

Zeitpunkt der Aufklärung

Aus der so zu erstellenden Prognose der Ernsthaftigkeit einer Transfusion mit der Alternative Fremd-/Eigenblut leitet sich zugleich ab, wann und von wem das Aufklärungsgespräch zu führen ist.
Zum Zeitpunkt der Aufklärung stellt der BGH nur fest, daß diese „rechtzeitig vor der Operation" stattfinden müsse. Rechtzeitig bedeutet hier nicht nur, daß der Patient noch imstande sein muß, dem Aufklärungsgespräch folgen zu können. Rechtzeitig bedeutet im Zusammenhang mit Transfusion vor allem den Zeitpunkt, zu dem der Patient eine Wahl für eine der beiden Varianten Fremd-/Eigenblut noch treffen kann, die Wahlmöglichkeit also objektiv noch besteht. Das heißt, daß das Aufklärungsgespräch schon zu einem Zeitpunkt geführt werden muß, zu dem noch ausreichend Zeit verbleibt, Vorbereitungen zur Eigenblutspende zu treffen. Zwischen Aufklärungsgespräch und operativem Eingriff muß also genügend Zeit verbleiben, autologe Transfusion zu ermöglichen, wo immer dies medizinisch vertretbar ist.

Aufklärung durch die jeweilige operative Disziplin

Die Beantwortung der Frage, wem das Aufklärungsgespräch obliegt, ist eng damit verknüpft, daß den Komponenten „Prognose Ernsthaften-in-Betracht-Kommens" einer Transfusion und „Rechtzeitigkeit" der Aufklärung eine fundamentale Bedeutung zukommt.

Es ließe sich zwar daran denken, das Aufklärungsgespräch durch den Hausarzt, Laborarzt oder Anästhesisten durchführen zu lassen. Gewichtige Gründe sprechen jedoch dagegen. Nach der allseits anerkannten interdisziplinären Arbeitsteilung sind es die Operateure, die verantwortlich die Indikation zum Eingriff und Art und Ausmaß operativen Vorgehens festlegen. Alleine aufgrund ihrer Festlegung läßt sich also die Prognose stellen, mit welcher Ernsthaftigkeit mit einer Transfusion zu rechnen ist. Hieraus leitet sich ab, daß die Aufklärung des Patienten über etwaige Transfusionsnotwendigkeit und mögliche alternative Techniken aus dem jeweiligen operativen Fachgebiet kommen muß.
Als weiterer Gesichtpunkt tritt hinzu, daß etwa der Anästhesist üblicherweise erst so kurz vor dem Eingriff in Erscheinung tritt, daß Vorbereitungen zur Eigenblutspende nicht mehr getroffen werden können und dem Patienten damit eine Alternative genommen wäre. Schließlich ist der Operateur derjenige, der den Blutverlust verursacht und dessen Notwendigkeit vorhersehen kann. Aufklärung aus der betroffenen operativen Disziplin hieße im Idealfall, daß der Operateur, der den Eingriff später durchführt, auch der über die Alternativen aufklärende Arzt ist. Dieses Ideal läßt sich zumal in einer großen Klinik nicht erreichen und wird in dieser Form auch von der Rechtsprechung nicht gefordert. Klinik und Ärzte bewegen sich jedoch auf sicherem Boden, wenn Operateure für ihr jeweiliges Gebiet aufgelistet haben, bei welchen Eingriffen sie ernsthaft mit der Möglichkeit einer Transfusion rechnen und demjenigen Arzt, der fachkompetent die Indikation zum Eingriff stellt, diese Liste zur Verfügung steht. So kann der Patient mit der Indikationsstellung durch die fachkompetente Seite rechtzeitig darüber aufgeklärt werden, daß eine Transfusion ernsthaft möglich erscheint und daß ggf. die Alternative Fremd-/Eigenblut möglich ist. Qua Organsiationsgewalt wäre es

übrigens Aufgabe des Klinikleiters, sicherzustellen, daß aufgeklärt wird und stichprobenartig zu überprüfen, daß die Aufklärung suffizient erfolgt.

Inhalt des Aufklärungsgespräches

Beim Aufklärungsgespräch müssen Risiken, insbesondere die Gefahr der AIDS-Übertragung, ausdrücklich genannt werden. Umschreibungen, wie sie sich in Fragebogen für Blutspender finden, stellen nicht sicher, daß der Patient das gemeinte Risiko erkennt. Genausowenig reicht es aus, das AIDS-Risiko unter den Pauschalbegriff der „Nebenwirkungen" zu verstecken und/oder sich darauf zu verlassen, daß der Patient selbst das AIDS-Risiko erfragt. Für beliebige Nebenwirkungen bei anderen Eingriffen mag dies ausreichend sein. Bei Transfusion mit Fremdblut reicht es jedoch nicht aus. Nicht nur, weil die Verwirklichung von Risiken zu verheerend ist, sondern auch deshalb, weil der Patient bei Übernahme von Transfusionsrisiken nicht nur Verantwortung für sich selbst trägt, worüber er disponibel ist, sondern auch in der Verantwortung für sein soziales Umfeld steht.

Dokumentation des Aufklärungsgespräches

In einem ebenfalls kürzlich veröffentlichtem Urteil hat der BGH seine Rechtsprechung bekräftigt, daß Aushändigung und Unterzeichnung von Formularen und Merkblättern das Aufklärungsgespräch nicht ersetzen und insbesondere nicht beweisen, daß der Patient diese gelesen und verstanden und ein Gespräch überhaupt stattgefunden habe. Der Nachweis erfolgter Aufklärung, für die der Arzt beweispflichtig ist, läßt sich im wesentlichen nur damit führen, daß der aufklärende Arzt handschriftlich vermerkt, daß er über das In-Betracht-Kommen einer Transfusion gesprochen hat und die Alternative Fremd-/Eigenblut mit ihren jeweiligen Risiken aufgezeigt wurde.

W. Weißauer

Konsequenzen aus dem BGH-Urteil VI ZR 40/91 vom 17.12.1991

Die Forderung des BGH, der Patient müsse über die intra- und postoperative Bluttransfusion sowie über eine mögliche Eigenblutspende aufgeklärt werden, ist prinzipiell nicht neu. Der Auslegung bedarf, ob die Aufklärung auf die Risiken der Hepatitis- und HIV-Infektion begrenzt werden darf, bei welchem Grad an Wahrscheinlichkeit die Bluttransfusion ernsthaft in Betracht kommt und die Eigenblutspende dem Patienten anzubieten ist, ob nicht bei vital indizierten, dringenden Operationen die Aufklärung entfallen kann. Konsequenzen ergeben sich bei planbaren Eingriffen für die Organisation der Eigenblutspende, den Zeitpunkt der Aufklärung und die interdisziplinäre Arbeitsteilung. Problematisch ist die Aufklärung über Neben- und Folgeeingriffe, weil bereits die Aufklärung über die Operation das Auffassungsvermögen des Durchschnittspatienten überfordert.

Die Frage nach den Konsequenzen des BGH-Urteils vom 17.12.1991 führt zur Analyse, wie und mit welcher Intensität die Rechtsprechung der Zivil- und Strafgerichte auf die ärztliche Tätigkeit Einfluß nimmt. Dabei ist zu unterscheiden: Die Haftung des Arztes kann in einem schuldhaften, ärztlichen Behandlungsfehler oder in schuldhafter ärztlicher Eigenmacht begründet sein.

Beim schuldhaften Behandlungsfehler geht es um die mit ärztlicher Sorgfalt beherrschbaren Risiken. Ob der Arzt den Patienten mit der erforderlichen Sorgfalt oder fehlerhaft behandelt hat, entscheidet sich nach dem Maßstab der berufspezifischen Sorgfalt, d. h. nach den Kunstregeln der Medizin und den fachlichen Leistungsstandards, die ein gewissenhafter Arzt oder Facharzt in der konkreten Situation zu beachten hatte. Die Maßstäbe, an denen der Arzt gemessen wird, orientieren sich also am jeweiligen Leistungsstandard der Medizin. Gefordert ist die „Facharztqualität".

Bei der Haftung wegen schuldhafter ärztlicher Eigenmacht geht es um den Vorwurf, den Eingriff ohne eine wirksame Einwilligung des Patienten durchgeführt zu haben. Wirksam ist die Einwilligung nur, wenn der Patient weiß, um was es bei dem Eingriff geht. Dazu muß er die Art und die Bedeutung des Eingriffs, seine nachteiligen Folgen und Risiken (Nebenwirkungen) und die ernsthaft in Betracht kommenden Behandlungsalternativen kennen. Diese Aufklärungspflicht erstreckt sich nur auf die schicksalshaften Risiken, nicht auf die beherrschbaren. Über Risiken, die im Falle ihrer Verwirklichung weitreichende Folgen für die Lebensführung des Patienten haben, muß der Arzt nach neuerer Rechtsprechung selbst dann aufklären, wenn sie extrem selten sind.

Geht es um den schuldhaften Behandlungsfehler, so sind die Gerichte zur Feststellung, ob der Arzt gegen die zum Zeitpunkt der Behandlung geltenden Kunstregeln und

Leistungsstandards der Medizin verstoßen hat, auf den Sachverständigen angewiesen. Ob über ein Risiko (eine Nebenwirkung) aufzuklären ist, entscheiden unsere Gerichte dagegen nach ihrem eigenen Ermessen. Auch in einem Haftungsprozeß, in dem es um die Aufklärungspflicht geht, beruht das Urteil jedoch oft zu erheblichen Teilen auf medizinisch-fachlichen Vorgaben, so das hier zu erörternde BGH-Urteil auf der interdisziplinären Aussage von Anästhesisten, Chirurgen und Transfusionsmedizinern: „Die Eigenblutspende ermöglicht die sicherste und risikoärmste Form der Blutübertragung“ (ergänzende Empfehlungen zu den Richtlinien der Bundesärztekammer über Eigenblutspende und Eigenbluttransfusion, Anäst. Intensivmed. 29: 91-92/1988).

Bindungswirkung des Urteils?

Die Gerichte entscheiden Einzelfälle und interpretieren dabei Gesetzesrecht. Sie entwickeln aus den Einzelfallentscheidungen jedoch Rechtsprechungsgrundsätze, die Geltung als Richterrecht beanspruchen. Die gesamten Anforderungen an die ärztliche Aufklärungspflicht beruhen auf solchem Richterrecht. In dem hier zu erörternden Urteil läßt der BGH keinen Zweifel, daß seine Aussagen über die präoperative Transfusionsaufklärung allgemeine Anerkennung fordern. Das Urteil ist allerdings zeit- und situationsbedingt. Es stellt auf den Zeitpunkt der Behandlung, also auf die Verhältnisse von 1987 ab und erörtert, ob die Gefahr einer Infektion mit AIDS und Hepatitis bereits damals allgemein bekannt war. Es hat dies - wohl zurecht - verneint. Könnte man davon ausgehen, daß die Patienten über die Risiken heute

Bescheid wissen, so entfiele damit die Aufklärung über diese Risiken. Die Urteilsgründe selbst enthalten jedoch bereits den Warnhinweis: „Das ist im jetzigen Zeitpunkt nicht anders". Das gleiche muß für die Eigenblutspende gelten. Was der Patient weiß, muß der Arzt ihm nicht sagen. Das in den Massenmedien diskutierte Urteil des BGH hat zwar weite Bevölkerungskreise auf die Möglichkeit der autologen Bluttransfusion und der Eigenblutspende hingewiesen. Daß sie jetzt allgemein bekannt wäre, kann jedoch nicht angenommen werden. Wer sich darauf verlassen wollte, ginge jedenfalls ein unkalkulierbares rechtliches Risiko ein.
Das Urteil berücksichtigt andererseits bei der Rückverweisung des Verfahrens an das Oberlandesgericht zugunsten der Beklagten, d. h. des Krankenhausträgers und der behandelnden Ärzte, daß es zweifelhaft sein könne, ob 1987 in der medizinischen Wissenschaft die autologe Transfusion als echte Alternative zur homologen bereits anerkannt war und ob in der auf Schadensersatz in Anspruch genommenen Klinik bzw. den transfusionsmedizinischen Instituten, aus denen sie ihre Blutkonserven bezogen, die personellen und räumlichen Voraussetzungen für die Eigenblutspende bereits bestanden. Die Situation hat sich insoweit für die Krankenhausträger sowie für Anästhesisten und Operateure deutlich verschärft. Seit 1987 wurde die Problematik Eigenblut versus Fremdblut in zahlreichen Veranstaltungen und Publikationen diskutiert, die Eigenblutspende wurde in die Richtlinien für das Bluttransfusionswesen (Kapitel 9) aufgenommen und war Gegenstand interdisziplinärer Vereinbarungen.
Das Urteil ist insoweit fallorientiert, als es nur die Hepatitis - und AIDS-Infektion als aufklärungsbedürftig bezeichnet, um die es im konkreten Fall ging. Dabei wird es nicht bleiben, wenn es in neuen Prozessen um andere schwerwiegende Nebenwirkungen geht. Die Richtlinien unter-

scheiden in 6.1 und 6.2 zwischen immunologisch bedingten Nebenwirkungen oder Nebenwirkungen aus anderen Ursachen, die wieder 8 verschiedene Gruppen umfassen. Von diesen 8 Gruppen bilden die bakteriellen, viralen und parasitären Infektionen nur eine Gruppe und die Übertragung von Hepatitis und AIDS repräsentiert innerhalb dieser Gruppe wieder nur einen Teil der möglichen Infektionen. Zum Vergleich darf auf die Darstellung der Nebenwirkungen in den Merkblättern zur Bluttransfusion und zur Eigenblutspende verwiesen werden, die bereits 1987 im System der Stufenaufklärung erschienen und im Anhang abgedruckt sind.
Ein erstes Resümee: Die vom BGH entwickelten Grundsätze sind zu beachten. Die Situation hat sich inzwischen zum Nachteil von Ärzten und Krankenhausträgern erheblich verschärft; sie werden sich nun nicht mehr darauf berufen können, die Problematik sei ihnen unbekannt gewesen oder sie verfügten nicht über die erforderlichen personellen oder organisatorischen Voraussetzungen.

Eingriffseinwilligung und Aufklärungspflicht

Die Bluttransfusion bedarf, wie jeder andere Heileingriff, der Einwilligung des Patienten. Diese Einwilligung kann ausdrücklich (mündlich oder schriftlich) aber auch stillschweigend erteilt werden. Wer in eine Operation einwilligt, erklärt sich damit zugleich stillschweigend mit allen Neben- und Folgeeingriffen einverstanden, die im Rahmen der Operation notwendig werden, ja er würde seine Einwilligung in die Operation kompromißlos verweigern, wenn das Operationsteam auf solche Neben- und Folgeeingriffe nicht vorbereitet wäre, sie nicht beherrschte und nicht alle erforder-

lichen Hilfsmittel bereit hielte. Dies gilt auch für die intra- und postoperative Bluttransfusion, soweit nicht - wie von den Zeugen Jehova - ein entgegenstehender Wille erklärt wird.
Geht man danach davon aus, daß die Einwilligung in die Operation stillschweigend auch die (potentiell) erforderlich werdenden intraoperativen Nebeneingriffe und die postoperativen Folgeeingriffe umfaßt, so ist diese Einwilligung gleichwohl nur dann wirksam, wenn sich der Patient von dem Gesamtkomplex dieser Eingriffe und von ihren Risiken zutreffende Vorstellungen machen konnte. Hier liegt das gravierendste Problem der Aufklärungspflicht überhaupt. Analysen ergeben, daß nicht einmal 20 % der Patienten nach einem Aufklärungsgespräch über den operativen Eingriff ausreichend Bescheid wissen, um eine selbstbestimmte Entscheidung treffen zu können; bei der Narkose soll diese Quote bei 50 % liegen. Die Aufklärung über alle potentiellen Neben- und Folgeeingriffe würde das Auffassungsvermögen des Patienten schlechthin überfordern. Die Aufklärung würde zum Formalakt. Der limitierende Faktor einer immer intensiveren Eingriffsaufklärung ist nicht der Arzt, der nicht willens wäre aufzuklären, sondern der Patient.

Über „ernsthaft in Betracht kommende“ Bluttransfusion muß aufgeklärt werden

Daß über die intra- und postoperative Bluttransfusion aufgeklärt werden muß, wenn sie ernsthaft in Betracht kommt, kann gleichwohl nicht zweifelhaft sein. In der Vereinbarung über die Zusammenarbeit bei der Bluttransfusion (Anästh. Intensivmed. 30: 375/1989, mit Kommentar von W. Weißauer,

376-378) sind Anästhesisten und Chirurgen bereits 1989 davon ausgegangen, daß der Patient präoperativ über die Notwendigkeit oder Wahrscheinlichkeit einer intraoperativen Bluttransfusion aufzuklären ist, soweit nicht wegen der Notwendigkeit und Dringlichkeit der Operation auf diese Aufklärung verzichtet werden kann. Diese letztere Einschränkung findet sich nicht im Urteil des BGH; ich halte sie aber mit dem Blick auf übergeordnete Rechtsprechungsgrundsätze für unerläßlich.

Die Rechtsprechung erkennt seit jeher an, daß sich die Anforderungen an die Intensität der Aufklärung bei vital indizierten, dringenden Eingriffen deutlich reduzieren. Ob vor solchen Eingriffen über die Bluttransfusion und ihre Risiken aufzuklären ist, kann nur anhand der Umstände des Einzelfalles entschieden werden. Im Zweifel empfiehlt sich diese Aufklärung, wenn der Zustand des Patienten sie erlaubt, trotz der Dringlichkeit des Eingriffs dafür noch Zeit bleibt, eine Bluttransfusion intra- oder postoperativ sicher oder mit überwiegender Wahrscheinlichkeit erforderlich wird und ihre möglichen Nebenwirkungen im Hinblick auf die Bedeutung und die Risiken der Operation für den verständigen Patienten nicht als entscheidungsrelevant gelten können.

Die Begrenzung der Aufklärungspflicht auf die Operationen, bei denen eine Bluttransfusion „ernsthaft in Betracht kommt", bedarf der Interpretation. Die gleiche Formulierung verwende ich seit mehreren Jahren in Referaten und Publikationen. Dabei gehe ich davon aus, daß eine Bluttransfusion ernsthaft in Betracht kommt, wenn der gewissenhafte Operateur die Notwendigkeit oder Wahrscheinlichkeit einer intra- oder postoperativen Bluttransfusion in die Abwägung der die Operation indizierenden und kontraindizierenden Faktoren einbezieht. Als sicheres Indiz für die „Ernsthaftigkeit" kann gelten, daß der Operateur oder, wie die Vereinbarung Anästhesie/Chirurgie dies vorsieht, hilfsweise der Anästhesist präoperativ Blut bereitstellen läßt. Die präoperative Blutgruppenbestimmung mit Antikörpersuchtest soll dagegen nach dieser Vereinbarung schon dann durchgeführt werden, wenn die Notwendigkeit einer intraoperativen Bluttransfusion nicht von vornherein auszuschließen ist. Dieser Anknüpfungspunkt erscheint für die Aufklärungspflicht als zu extensiv und damit ungeeignet. Es gibt Gruppen von Operationen, bei denen von der Art und Schwere des Eingriffs her eine Bluttransfusion stets ernsthaft in Betracht kommt (etwa bei Herzoperationen oder Hüftendoprothetik) und eine andere, größere Gruppe, bei der sie nicht ernsthaft in Betracht kommt. In der Zone, die zwischen diesen beiden Gruppen liegt, kommt es auf die hausspezifischen Umstände an, z. B. auf das Patientengut (etwa die Ansammlung schwerer und risikoreicher Fälle in der Maximalversorgung), aber auch auf die Technik des Operateurs. Die Schwankungsbreite der Blutverluste beim gleichen Eingriff und ähnlichem Patientengut scheint von Haus zu Haus beträchtlich zu sein, z. B. auch bei der Hysterektomie, um die es im besagten Urteil ging. Eine ähnliche Schwankungsbreite wird es bei der Indikationsstellung der Anästhesisten zur intraoperativen Bluttransfusion geben, weil hier nicht ein einziger oder wenige präzis abgrenzbare Parameter für sich allein den Ausschlag geben.

"Hausstatistik" als Orientierungshilfe für den „Normalfall"

Vorrang vor der Entscheidung anhand statistischer Wahrscheinlichkeit muß deshalb stets die Prüfung haben, ob wegen risikoerhöhender Umstände des Einzelfalles bei sorg-

fältiger Diagnose und Prognose eine Bluttransfusion mit höherer Wahrscheinlichkeit zu erwarten ist, als dies dem Durchschnittsfall entspricht. Den Ausschlag können dabei vorhersehbare besondere Schwierigkeiten des operativen Vorgehens geben, die einen höheren Blutverlust erwarten lassen. Zumindest die gleiche Bedeutung werden bei zu erwartenden durchschnittlichen Blutverlusten individuelle Umstände haben können, die sich vor allem auf die Narkosefähigkeit auswirken, wie etwa der schlechte Allgemeinzustand des Patienten, ein krankheits- oder verletzungsbedingter niedriger Hb-Ausgangswert sowie durch Vor- und Begleiterkrankungen bedingte Beeinträchtigungen der Vitalfunktionen, insbesondere des Blutkreislaufs. Bemißt sich die Bereitstellung von Blut und damit auch die Aufklärung des Patienten vorrangig nach den individuellen Umständen der einzelnen Operation, so erscheint es andererseits angezeigt, bei der Erarbeitung der Hausstatistik die Fälle herauszunehmen, in denen die Transfusionswahrscheinlichkeit, bereits von vornherein erkennbar, deutlich über den Normalfall hinaus erhöht war.
Die Gretchenfrage, was „ernsthaft in Betracht kommen" in Prozentsätzen an Wahrscheinlichkeit bedeutet, wage ich ohne gründliche fachliche Vordiskussion nicht zu beantworten. Ich meine aber, daß 5 % ein Näherungswert sein könnte, der in der Praxis noch realisierbar ist, wenn man bei der Erarbeitung der Hausstatistik so selektiv verfährt, wie ich dies eben zur Diskussion gestellt habe.
Das Oberlandesgericht, an das der Rechtstreit zurückverwiesen wurde, wird nun prüfen müssen, ob wegen der individuellen Umstände der Hysterektomie oder - unabhängig davon - wegen der Transfusionsdichte der Hausstatistik eine Bluttransfusion präoperativ ernsthaft in Betracht zu ziehen war oder ob nicht etwa die intra- und postoperativen Transfusionen nur durch eine Verkettung unglücklicher Um-

stände erforderlich wurden, die präoperativ nicht vorhersehbar war.
Ein zweites Resümee: Die Abgrenzung der Fallgruppen, bei denen eine Bluttransfusion ernsthaft in Betracht kommt, gehört zu den drängenden Problemen, die wohl am besten von Anästhesisten und Chirurgen gemeinsam zu bewältigen sind.

Eigenblutspende

Kommt die Bluttransfusion ernsthaft in Betracht und ist die Eigenblutspende möglich, so muß der Patient auch über diese Methode aufgeklärt werden sowie über die Vor- und Nachteile der homologen und der autologen Transfusion, insbesondere also über ihre unterschiedlichen Risiken. Möglich ist die Eigenblutspende freilich nur, wenn der Eingriff aufschiebbar, der Patient spendetauglich und das Blut retransfusionstauglich ist.
Medizinisch sinnvoll ist die Eigenblutspende, wenn ihre Risiken und Belastungen einschließlich der autologen Transfusion in angemessenem Verhältnis zum Zugewinn an Sicherheit gegenüber der homologen Bluttransfusion stehen. Selbst wenn jedoch diese Relation im konkreten Fall, etwa wegen risikoerhöhender Umstände bei der Eigenblutspende, nicht gewahrt ist, wird der Arzt den Patienten über die Eigenblutspende aufklären müssen, weil sich die homologe und die autologe Transfusion in wesentlichen Risiken unterscheiden und es letztendlich dem Patienten überlassen bleiben muß, sich etwa aus übersteigerter Angst vor AIDS doch für die autologe Bluttransfusion zu entscheiden.
Kommt eine Bluttransfusion nicht ernsthaft in Betracht, so

kann gleichwohl der Patient seine Einwilligung in die Operation von einer Eigenblutspende abhängig machen. Diese ist dann freilich zur ausreichenden und zweckmäßigen Versorgung des Patienten im Sinne des SGB V und der Krankenhausgesetzgebung nicht erforderlich. Sie muß deshalb vom Krankenhaus nicht erbracht werden. Folgt das Haus aber dem Wunsch des Patienten, so wird er die Eigenblutspende als Wunschleistung selbst bezahlen müssen.
Ermöglicht die Eigenblutspende die sicherste Bluttransfusion, wovon das Urteil ausgeht, so wird der Arzt den Patienten nicht nur darüber aufklären, sondern ihm auch dazu raten müssen. Die Methodenfreiheit des Arztes findet dort ihre Grenze, wo zwei gleich wirksame Verfahren zur Verfügung stehen, von denen eines deutlich geringere Risiken aufweist. Dies zwingt den Krankenhausträger und die Krankenhausärzte zwar nicht, die Eigenblutspende im eigenen Haus oder durch Einschaltung regionaler Blutspendedienste zu organisieren. Die Patienten werden dann aber an andere Häuser abwandern und im Zweifel wird sie der Hausarzt bei elektiven Eingriffen von vornherein in andere Häuser einweisen.
Ein drittes Resümee: Die Eigenblutspende wird im Bereich der elektiven Eingriffe erhebliche Bedeutung gewinnen. Krankenhäuser, die sie nicht organisieren können, werden ihr Operationsprogramm einschränken müssen.

Organisation der Eigenblutspende

Im Prinzip problemlos ist die Organisation der Eigenblutspende für die Häuser mit eigener Blutbank, d. h. mit eigener Spendezentrale und der Herstellungserlaubnis nach

§ 13 des Arzneimittelgesetzes (AMG). Die autologen Blutspenden gehen hier ebenso in den Pflegesatz ein wie die homologen.
Häuser ohne eigene Blutbank können Blutspendedienste mit der Eigenblutherstellung beauftragen. Die Abnahme von Eigenblut ist freilich risikoreicher als die Fremdblutspende, weil die Spendetauglichkeit der Patienten erheblich eingeschränkt sein kann. Übernimmt der Anästhesist des Krankenhauses die Blutentnahme, so ist auch dieses Problem relativ leicht zu lösen, allerdings ergeben sich dann unter Umständen Probleme wegen des ordnungsgemäßen Transports des Blutes zur Blutbank. Meines Erachtens bestehen jedoch keine Bedenken, dem Patienten diesen Transport unter Beachtung der dafür erforderlichen Kautelen zu überlassen.
Krankenhäuser ohne Blutbank dürfen nach § 13 AMG Eigenblutkonserven herstellen, wenn die Identität zwischen herstellendem und retransfundierendem Arzt gewahrt ist. Es besteht dann lediglich eine Anzeigepflicht nach § 67 AMG.
Der Minister für Arbeit, Gesundheit und Soziales des Landes Nordrhein-Westfalen vertrat in einem Rundbrief vom 30.9.1987 die Auffassung, erlaubnisfrei sei nur das Herstellen normaler Eigenblutkonserven nicht aber die Aufbereitung des Blutes zu Eigenblutkonzentraten und anderen Blutzubereitungen sowie das Tiefgefrieren. Auf meine Intervention hin gab der Minister diese einschränkende Auffassung jedoch ausdrücklich auf.
Auch eine weitere Hürde konnte genommen werden. Meine These, daß die Personenidentität zwischen abnehmendem und retransfundierendem Arzt durch den leitenden Arzt der Fachabteilung gewahrt werde, fand Zustimmung bei den fachlich zuständigen Landesbehörden. All dies habe ich publiziert, um Belegmaterial für etwaige Auseinandersetzungen zu schaffen.

Ein viertes Resümee: Die Eigenblutherstellung ist auch in Häusern möglich, die keine Herstellungserlaubnis nach § 13 AMG besitzen.

Aufgabenverteilung

Nach der interdisziplinären Vereinbarung Anästhesie/Chirurgie über die Zusammenarbeit bei der Bluttransfusion entscheidet intraoperativ der Anästhesist über die Indikation der Bluttransfusion und führt sie auch durch. Um die vom Arzneimittelgesetz geforderte Personenidentität zu wahren, sollte die Herstellung der Eigenblutkonserven in Händen der Anästhesieabteilung liegen.

Über die präoperative Bereitstellung des Blutes entscheidet nach der gleichen Vereinbarung primär der Chirurg; ihm obliegt vorrangig die Aufklärung der Patienten über die Bluttransfusion und - prinzipiell auch schon vom organisatorischen Ablauf her - die Aufklärung über die Eigenblutspende. Seine Aufgabe ist es weiter, in den geeigneten Fällen die Eigenblutspende in die Wege zu leiten. In zweiter Linie hat nach dieser Vereinbarung auch der Anästhesist Blut bereitstellen zu lassen, wenn er es für nötig hält, und er sollte den Patienten über die Bluttransfusion sowie über die Eigenblutspende aufklären, falls dies durch den Operateur nicht geschehen ist.

Der Anästhesist sieht die meisten Patienten freilich erst bei der Prämedikationsvisite, also am Vorabend der Operation. Wird erst hier der Patient über die Möglichkeit der Eigenblutspende aufgeklärt und nimmt er diese Alternative für sich in Anspruch, so muß die Operation verschoben und der Patient aus der stationären Behandlung entlassen werden.

Es liegt nahe, daß dadurch auch das Vertrauensverhältnis zwischen Patient und Chirurg tangiert werden kann. Absprachen zwischen Operateur und Anästhesist, wie in solchen Situationen verfahren werden und - noch besser -, wie sie vermieden werden sollen, halte ich für unerläßlich.

Dabei ist zu bedenken: Die zitierten interdisziplinären Vereinbarungen gelten nur subsidiär. Operateur und Anästhesist werden durch sie nicht gehindert, abweichende Absprachen über die Aufgabenverteilung bei der Bluttransfusion zu treffen. So kann es sich z. B. als zweckmäßig erweisen, daß der Operateur bei elektiven Eingriffen schon anläßlich der ambulanten Voruntersuchung den Anästhesisten einschaltet und ihm die Prüfung überläßt, ob eine Eigenblutspende möglich ist. Folgerichtig sollte dann auch die Aufklärung über die Bluttransfusion und über die Eigenblutspende (einschließlich der Nutzen-Risiko-Bilanz) Aufgabe des Anästhesisten sein.

Ein fünftes Resümee: Die Aufklärung über die homologe und autologe Bluttransfusion und die Initiative für die Eigenblutspende liegt, falls keine abweichenden lokalen Absprachen getroffen werden, primär beim Operateur und nur hilfsweise beim Anästhesisten.

Planung des Operationstermins

Der BGH fordert in seinem Urteil ausdrücklich, daß der Patient rechtzeitig über die Bluttransfusion und die Eigenblutspende aufgeklärt werden muß. Das Oberlandesgericht Köln (Urteil vom 10.4.1991 - 27 U 152/90 -) hat völlig unabhängig von der Problematik der Bluttransfusion die Auffassung vertreten, die Aufklärung über die Risiken einer

Strumektomie hätte spätestens am Tag vor der stationären Aufnahme erfolgen müssen, um die Entscheidungsfreiheit der Patientin zu wahren. Bei elektiven Eingriffen, bei denen eine Eigenblutspende in Betracht kommt, zwingt aber allein schon der technische Ablauf dazu, diese Frage in einem Zeitabstand von 3 - 5 Wochen (je nach Zahl der benötigten Konserven) vor der stationären Aufnahme zu klären. Damit stellt sich eine Fülle neuer organisatorischer Fragen. Entweder müssen die leitenden Krankenhausärzte Ermächtigungen für die ambulante Voruntersuchung und für alle mit der Blutspende zusammenhängenden ambulanten Leistungen erhalten oder die erforderlichen Voruntersuchungen und die Eigenblutspende müssen durch Vereinbarungen der Sozialpartner als prästationäre Leistungen ausgewiesen werden, die durch den Pflegesatz abzugelten sind.
Ein sechstes Resümee: Die rechtzeitige Aufklärung der Patienten über die Bluttransfusion und die Eigenblutspende erfordert zumindest bei elektiven Eingriffen eine ambulante Voruntersuchung.

Kosten der Eigenblutspende

Das Urteil könnte einen Kostenschub im Bluttransfusionswesen zur Folge haben. Die Herstellung einer Eigenblutkonserve ist offenbar nicht billiger als die einer Fremdblutkonserve. Müssen Eigenblutkonserven aber immer dann hergestellt werden, wenn eine Bluttransfusion ernsthaft in Betracht kommt, eine Eigenblutspende möglich ist und der Patient sich für sie entscheidet, so werden, je nach dem Prozentsatz der Wahrscheinlichkeit, den man dem „ernsthaft“ zugrunde legt, in einer Vielzahl von Fällen die mit erheb-

chem Aufwand hergestellten Eigenblutkonserven intra- oder postoperativ nicht benötigt. Nach den Richtlinien dürfen diese Eigenblutspenden nicht für eine homologe Blutspende verwendet werden; sie genügen nach den jetzigen Anforderungen der Richtlinien auch nicht den an eine homologe Blutspende zu stellenden Anforderungen. Die Eigenblutspende muß vernichtet werden.
Ein Ausgleich als mittelbare Folge des Urteils könnte sich freilich dadurch ergeben, daß blutsparendes Operieren und fremdblutsparende Maßnahmen künftig einen sehr viel höheren Stellenwert bei der Bewertung der Qualität operativer Tätigkeit gewinnen als bisher.
Da einerseits die finanziellen Mittel knapp sind und andererseits Fremdblut nur begrenzt zur Verfügung steht, bietet es sich an zu prüfen, ob nicht die Richtlinien dahin geändert werden sollten, daß die autologe Spende als homologe verwendet werden darf, wenn der Spender damit einverstanden ist, sich dem Fragenkatalog für Blutspender unterwirft und das Eigenblut genauso auf Infektionserreger untersucht wird wie die homologe Spende.
Ein letztes Resümee alles in allem: Das Urteil kam nicht überraschend. Es zwingt nun Krankenhausträger, Anästhesisten und operativ tätige Ärzte Konsequenzen hinsichtlich der Aufklärung über die homologe und autologe Bluttransfusion und die Realisierung der Eigenblutspende zu ziehen. Andererseits gibt es ihnen aber auch den nötigen rechtlichen Rückhalt, um die erforderlichen organisatorischen Maßnahmen gegenüber den Kostenträgern durchzusetzen.

Merkblatt* zum Aufklärungsgespräch mit dem Arzt zur

Übertragung von Blut und Blutbestandteilen – Bluttransfusion –

* im System der Stufenaufklärung nach Weißauer. – Juli 1987 – Autoren: K. Th. Schricker, W. Weißauer.

Die Transfusion von Blut und Blutbestandteilen – rote Blutkörperchen (Erythrozyten), Blutplättchen (Thrombozyten), Blutflüssigkeit (Plasma oder Plasmabestandteile), gerinnungsfördernde Blutbestandteile, weiße Blutkörperchen (Leukozyten) – dient der

- **Krankheitsbehandlung** (z.B. bei Blutkrankheiten, Anämien, Verminderung einzelner Blutbestandteile, bei Eiweißmangel oder Gerinnungsstörungen) und zur
- **Überbrückung von Gefahrensituationen,** die durch starke Blutverluste entstehen (z.B. nach Unfällen, bei Operationen, inneren Blutungen).

Am häufigsten werden rote Blutkörperchen (in etwa 80 % der Fälle) und Blutplasma übertragen. Eine sichere Vorhersage, welche Blutbestandteile übertragen werden, ist kaum möglich, weil sich die Erfordernisse im Laufe der Behandlung ändern können.

Die Transfusion

Über eine Kanüle (Hohlnadel) fließen Blut/Blutbestandteile aus einem Beutel oder einer Flasche in die Vene ein. Manchmal werden sie in die Vene eingepumpt.
Wie bei allen Infusionen kann es in sehr seltenen Fällen durch die Punktion zu Schädigungen von Blutgefäßen und Nerven sowie zu Venenentzündungen kommen.

Mögliche Komplikationen

Das Spenderblut wird gründlich untersucht. Bestimmte Blutbestandteile werden zusätzlich behandelt, um etwaige Krankheitserreger abzutöten. Trotzdem läßt sich eine **Infektion** mit Hepatitis (Gelbsucht), Malaria, Geschlechtskrankheiten, AIDS und anderen Erregern (z.B. Zytomegalie) nicht mit absoluter Sicherheit ausschließen.
Die **Verträglichkeit** von Spender- und Empfängerblut wird durch spezielle Verfahren (z.B. Kreuzprobe) überprüft. Leichtere Unverträglichkeitsreaktionen wie Juckreiz, Hautrötung, Quaddelbildung lassen sich dadurch nicht vermeiden. Gelegentlich kommt es zu Fieber und äußerst selten zu schwerwiegenden Herz- und Kreislaufreaktionen (Schock), Störungen der Hirndurchblutung und Atmung sowie zum Lungenödem.
In seltenen Ausnahmefällen müssen zur Behebung lebensbedrohlicher Zustände Blut/Blutbestandteile übertragen werden, die noch nicht abschließend auf Krankheitserreger untersucht sind oder mit der Blutgruppe des Empfängers nicht voll übereinstimmen.
Veränderungen im Stoffwechsel treten meist nur bei Vorschädigungen auf; sie sind in der Regel gut beherrschbar. Auch können sich Antikörper und Hemmkörper bilden, die bei späteren Transfusionen Unverträglichkeitsreaktionen auslösen.

Nach der Übertragung von Blut oder roten Blutkörperchen (Erythrozyten) kann sich die Haut vorübergehend gelb färben. Extrem selten kann der Zerfall von Erythrozyten lebensgefährliche Komplikationen hervorrufen.
Häufigere Transfusionen führen gelegentlich zu vermehrten Eisenablagerungen mit Organschäden. Die Übertragung von großen Blutmengen (Massivtransfusion) kann Gerinnungsstörungen mit der Gefahr der Verblutung verursachen.
Die Übertragung gerinnungsfördernder Blutbestandteile begünstigt das Entstehen von Blutgerinnseln (Thrombosen) und den Verschluß von Blutgefäßen durch verschleppte Gerinnsel (Embolien).
Die behandelnden Ärzte wägen all dies sorgfältig ab und entscheiden sich nur dann zur Transfusion, wenn ihre Vorteile für die Erhaltung von Gesundheit und Leben die Risiken deutlich überwiegen.
Um die Komplikationen möglichst gering zu halten, bitten wir Sie, folgende Fragen zu beantworten:

	nein	**ja**
1. Erhielten Sie schon Übertragungen von Blut oder Blutbestandteilen?	☐	☐
Wenn ja, wann?		
Kam es dabei zu Unverträglichkeitsreaktionen oder anderen Komplikationen?	☐	☐
2. Leiden Sie an einer Blutkrankheit, z.B. chronischer Blutarmut, hämolytischer Anämie, Leukämie?	☐	☐
3. Leiden Sie an einer angeborenen oder erworbenen Gerinnungsstörung?	☐	☐
4. Neigen Sie zu Thrombosen oder Embolien?	☐	☐
5. Leiden Sie an Herz-, Kreislauf- oder Lungenerkrankungen?	☐	☐
6. Hatten Sie schon eine Gelbsucht?	☐	☐
7. Besteht bei Ihnen eine Allergie (z. B. Heuschnupfen, Asthma), Überempfindlichkeit gegen Nahrungsmittel, Medikamente, Pflaster, Röntgenkontrastmittel?	☐	☐
8. Besteht eine Schwangerschaft?	☐	☐
9. Leiden Sie an einer Erkrankung des Immunsystems?	☐	☐

Bitte fragen Sie uns, wenn Sie etwas nicht verstanden haben

oder wenn Sie mehr über die Transfusion, etwaige andere Behandlungsmethoden, die hier aufgeführten Komplikationen und ihre Häufigkeit sowie über andere seltene und seltenste Risiken erfahren wollen. Wir geben Ihnen gerne Auskunft im Aufklärungsgespräch. Bitte fragen Sie uns nach allem, was Ihnen wichtig erscheint.

Erklärung des Patienten nach dem Aufklärungsgespräch

Herr/Frau Dr. ______________________________

hat mit mir heute anhand der Hinweise im Merkblatt ein Aufklärungsgespräch geführt, bei dem ich alle mich interessierenden Fragen stellen konnte.

☐ Ich habe keine weiteren Fragen.

☐ Ich willige hiermit in die vorgeschlagene Transfusion ein.
Notwendig werdende Folge- und Nebeneingriffe finden meine Zustimmung.

oder

☐ Ich versage meine Zustimmung.
Über mögliche Nachteile einer Ablehnung der Transfusion wurde ich informiert.

Vermerk zum Aufklärungsgespräch

____

____

____

____

____

Datum: ______________________________

____

Unterschrift des Patienten bzw. der Sorgeberechtigten

____

Unterschrift des Arztes

Merkblatt* zum Aufklärungsgespräch mit dem Arzt/der Ärztin über die

Entnahme von Eigenblut

Die Entnahme und spätere Rückübertragung (Retransfusion) von Eigenblut vermeidet Risiken (Infektionsrisiko, Antikörperbildung gegen Blutbestandteile, Unverträglichkeitsreaktionen), die sich aus einer Übertragung von Fremdblut ergeben können. Die Eigenblutentnahme empfiehlt sich vor Operationen, bei denen eine Blutübertragung (Bluttransfusion) häufig erforderlich wird, z.B. bei Eingriffen zum Gelenkersatz, bei bestimmten plastischen Operationen, Herzoperationen.
Es gibt zwei Methoden

- die **Hämodilution,** bei der Eigenblut (400-2000 ccm) unmittelbar vor der Operation entnommen und die gleiche Menge Blutersatzmittel infundiert wird.
- die **Eigenblutspende,** die etwa vier bis fünf Wochen vor geplanten Operationen beginnt und meist vier bis fünf Eigenblutentnahmen im Abstand von mehreren Tagen umfaßt. Bei der Tiefkühlkonservierung von Erythrozyten kann bereits mehrere Monate vor der Operation mit der Eigenblutentnahme begonnen werden. Die Menge der Blutentnahme wird so gewählt, daß sich der Blutverlust für die Operation nicht nachteilig auswirkt.

Das Blut wird so aufbewahrt, daß es bei der Operation oder einem späteren Bedarf für eine Transfusion zur Verfügung steht. Trotz größter Sorgfalt kann in seltenen Ausnahmefällen das entnommene Blut nicht verwendet werden, oder es kann in Einzelfällen nicht ausreichen, so daß Fremdblut übertragen werden muß.
Bei Entnahme von Blutbestandteilen werden Sie gesondert aufgeklärt (Merkblatt B 2).

Die Blutentnahme

Aus einer Vene – meist am Arm – wird mit einer Kanüle Blut entnommen und die Punktionsstelle mit einer Kompresse versorgt. Bitte zur Blutstillung etwa 5 Minuten mit dem Finger auf die Kompresse drücken und den Arm hochhalten. Die Blutung kommt meist innerhalb kurzer Zeit von selbst zum Stehen. In den nächsten Tagen eine Verschmutzung der Punktionsstelle vermeiden.

Mögliche Komplikationen

In der Regel treten durch die Blutentnahme keine oder nur geringe Störungen des körperlichen Wohlbefindens auf. Schwerere Störungen wie Kreislaufkollaps, Sauerstoffmangel, Minderdurchblutung des Gehirns, auch kurzzeitige Bewußtlosigkeit, unregelmäßige Herztätigkeit sowie stärkere Nachblutungen sind selten. Noch seltener sind Schädigungen von Blutgefäßen (Venen, Arterien) und Nerven sowie Entzündungen.
Um das Risiko möglichst gering zu halten, bitten wir Sie, folgende Fragen zu beantworten:

1. Fühlen Sie sich gesund – abgesehen von der Erkrankung/Verletzung, wegen der Sie behandelt werden oder operiert werden sollen?

☐ nein ☐ ja

Wurde Ihnen in den letzten 3 Tagen ein Zahn gezogen oder hatten Sie einen kleinen operativen Eingriff? ☐ nein ☐ ja

Hatten Sie innerhalb der letzten 2 Wochen einmal mehr als 38 Grad Fieber?

☐ nein ☐ ja

2. Besteht bei Ihnen oder bei Blutsverwandten eine vermehrte Blutungsneigung (z.B. bei kleinen Verletzungen oder Zahnziehen) oder entstehen leicht blaue Flecken? ☐ nein ☐ ja

3. Nehmen Sie Medikamente ein? ☐ nein ☐ ja

Wenn ja, welche? ____

____

4. Besteht eine Unverträglichkeit gegen Obst (Fructoseintoleranz)?

☐ nein ☐ ja

5. Ist zum geplanten Zeitpunkt der Blutentnahme mit der Monatsblutung zu rechnen? ☐ nein ☐ ja

6. Für Frauen im gebärfähigen Alter: Besteht die Möglichkeit einer Schwangerschaft? ☐ nein ☐ ja

7. Hatten Sie in den letzten 6 Monaten eine Fehlgeburt oder Entbindung?

☐ nein ☐ ja

Leiden oder litten Sie an einer der folgenden Erkrankungen? Wenn Sie Näheres darüber wissen, tragen Sie bitte die genauere Bezeichnung der Erkrankung ein.

8. Lungenerkrankung (z.B. Tbc)? ☐ nein ☐ ja

____

9. Blut- oder Knochenmarkserkrankung (z.B. Anämie, Leukämie)?

☐ nein ☐ ja

____

10. Herz- oder Gefäßerkrankungen (z.B. Einengung der Gefäße, Herzinfarkt, zu hoher oder zu niedriger Blutdruck)? ☐ nein ☐ ja

____

11. Nierenerkrankungen? ☐ nein ☐ ja

____

12. Magen-Darm-Erkrankungen? ☐ nein ☐ ja

Nach der Eigenblutspende

- bitte die ärztlich angeordnete Ruhepause einhalten.
- nicht vor Ablauf von 30 Minuten aktiv am Straßenverkehr teilnehmen; falls für längere Zeit Verkehrsuntauglichkeit gegeben ist, wird der Arzt dies mit Ihnen besprechen. Wegen der Beeinträchtigung der Verkehrstauglichkeit empfiehlt es sich, nach dem Eingriff kein Kraftfahrzeug selbst zu führen, sondern sich nach Hause fahren zu lassen und dies von vornherein einzuplanen.
- Tätigkeiten, die mit erhöhten Gefahren für Ihr eigenes oder das Leben Dritter verbunden sind, nicht vor Ablauf von 6 Stunden wieder ausüben. Beachten Sie bitte, daß für bestimmte Berufe (z.B. Piloten) Sondervorschriften gelten.

Bei einer Blutung aus der Punktionsstelle oder bei Störungen des Allgemeinbefindens bitte sofort den Arzt oder das Pflegepersonal unterrichten.

Bitte fragen Sie,

wenn Sie etwas nicht verstanden haben oder wenn Sie mehr über die Blutentnahme, die möglichen Komplikationen sowie über seltene oder seltenste Risiken erfahren wollen. Wir geben Ihnen gerne Auskunft im Aufklärungsgespräch.

Erklärung des Patienten nach dem Aufklärungsgespräch

Ich habe den vorstehenden Text gelesen und verstanden. Vor jeder neuen Eigenblutspende werde ich Änderungen meines Gesundheitszustandes mitteilen. Ich konnte alle mich interessierenden Fragen stellen und habe keine weiteren Fragen.

☐ Ich willige hiermit in die vorgeschlagene Blutentnahme ein.

☐ Mit dem Ausschluß der Haftung bei Beschädigung oder Verlust der Eigenblutkonserve bin ich einverstanden.

☐ Mit der Laboruntersuchung des Blutes, insbesondere der Bestimmung des Blutfarbstoffes (Hämoglobin), der weißen Blutkörperchen (Leukozyten), mit dem HIV-Test und der Untersuchung auf Hepatitis bin ich einverstanden.

☐ Ich versage meine Einwilligung in die vorgeschlagene Blutentnahme.

☐ Über die möglichen Nachteile meiner Ablehnung wurde ich informiert.

Wird das Eigenblut bei oder nach der Operation nicht oder nicht vollständig benötigt, so braucht es nach meiner Entlassung nicht mehr aufbewahrt zu werden.

Vermerk zum Aufklärungsgespräch

____

Datum ______________________________________

____
Unterschrift des Patienten bzw. der Sorgeberechtigten

____
Unterschrift des Arztes/der Ärztin

D. Mathias

Präoperative Eigenblutspende

Die entscheidenden Anstöße zu einer rasanten Entwicklung in der Transfusionsmedizin kamen in diesem Jahrhundert und führten bis zu den 60er Jahren zu einer Periode uneingeschränkter Transfusionsfreudigkeit. Erst spät rückte eine Vielzahl von negativen Auswirkungen der Fremdbluttransfusion stärker in das Bewußtsein von Ärzten und Patienten. Durch möglichst weitgehende Verwendung von autologem Blut können diese Nebenwirkungen deutlich vermindert werden.

Die entscheidenden Anstöße zu einer rasanten Entwicklung in der Transfusionsmedizin kamen in diesem Jahrhundert und führten bis in die 60er Jahre zu einer Periode uneingeschränkter Transfusionsfreudigkeit. Erst spät rückte eine Vielzahl von negativen Auswirkungen der Fremdbluttransfusion stärker in das Bewußtsein von Ärzten und Patienten.

Nebenwirkungen von homologen Bluttransfusionen

Dazu gehören die Übertragung von Krankheitserregern, hämolytische, fieberhafte oder allergische Transfusionsreaktionen, nicht immunologisch bedingte Transfusionsreaktionen, immunsuppressive Effekte. Ganz besonderer Beachtung bedarf die Übertragung von Infektionskrankheiten. Zu welchen fatalen Konsequenzen für den Empfänger Kontaminationen von Blutprodukten führen können, hat das Auftreten von AIDS dramatisch demonstriert.

Das größte Problem liegt aber in der Posttransfusionshepatitis. Sie wird zu 95 Prozent durch das Hepatitis C-Virus und durch mindestens ein weiteres, bisher nicht bekanntes Virus verursacht. Ihre Häufigkeit wird für die Bundesrepublik Deutschland auf 1-2 pro hundert transfundierten Einheiten geschätzt. Etwa die Hälfte verläuft chronisch und geht häufig in eine Leberzirrhose über. Die Möglichkeit, heute Blutspenden auf Antikörper gegen das Hepatitis C-Virus zu untersuchen, wird das Auftreten der Posttransfusionshepatitis voraussichtlich nur halbieren.

Neben den Infektionskrankheiten sind immunologische Veränderungen eine häufige Komplikation von Transfusionen. Das klinische Bild solcher Transfusionszwischenfälle ist dabei sehr vielgestaltig (Tab.1). Ein anderer Gesichtspunkt ist

in letzter Zeit stärker in den Vordergrund gerückt. Er betrifft die Frage einer durch Bluttransfusionen möglicherweise ausgelösten Immunsuppression. Die Erfahrungen bei den Nierentransplantationen zeigten, daß multiple Transfusionen das Transplantatüberleben um etwa 5-10% verlängerten mit einem Anhalten dieser Wirkung von etwa einem Jahr. Man weiß heute sehr gut, daß Transfusionen eine Reihe von Veränderungen am Immunsystem bewirken, so z.B. eine Verminderung des Verhältnisses von Helfer - zu Suppressor-Zellen, eine Abnahme der Aktivität der natürlichen Killerzellen, eine Einschränkung der Phagozytosefähigkeit oder eine Steigerung der Prostaglandin-E2-Synthese. Es ist aber noch nicht klar, ob diese Veränderungen klinisch wirklich von Bedeutung sind.
Kontrovers wird in diesem Zusammenhang auch der Einfluß von Bluttransfusionen auf die Rezidivrate bösartiger Tumoren diskutiert. Die Schwierigkeit liegt hier in der Frage, ob Transfusionen ursächlich für höhere Rezidivraten

Tabelle 1: Immunologisch bedingte Transfusionsreaktionen

Ätiologie	Klinische Symptomatik
Alloantikörper gegen Erythrozyten	Hämolytische Reaktionen
Alloantikörper gegen Leukozyten	Febrile Reaktionen Lungeninfiltrate
Alloantikörper gegen Thrombozyten	Posttransfusion-Purpura
Immunkompetente Spenderlymphozyten	Graft-versus-Host-Krankheit
Antikörper gegen Plasmabestandteile	Allergische Reaktionen

verantwortlich sind oder ob sie nur eine Art von Ersatzmarker darstellen. Denn Transfusionen sind sicher um so eher notwendig, je ausgedehnter z.B. das Tumorwachstum ist, je ungünstiger der histologische Befund ausfällt oder je weiter fortgeschritten die Tumorerkrankung und damit die Schwächung der Patienten ist. Es liegen hierzu inzwischen eine Vielzahl von Publikationen vor. Die Mehrzahl der Autoren kommt zu dem Schluß, daß nicht transfundierte Patienten eine geringere Rezidivrate zeigen, als Patienten, die Bluttransfusionen erhielten. Allerdings handelt es sich hier um retrospektiv angelegte Studien. Erst die Ergebnisse der zur Zeit laufenden prospektiven Untersuchungen werden sichere Aussagen zu dieser Fragestellung ermöglichen.

Eigenblutspende

Der Eigenblutentnahme über eine großkalibrige venöse Kanülierung geht eine gründliche ärztliche Untersuchung einschließlich der Blutgruppen- und Hämoglobin- Bestimmung und eine eingehendc Aufklärung der Patienten besonders auch in Hinblick auf Risiken und Nebenwirkungen voran. Der Volumenverlust wird durch 500 ml Ringer-Lösung ausgeglichen.

SAG - Mannitiol verlängert die Haltbarkeit der Konserven von 35 auf 42 Tage, so daß maximal die Entnahme von 6 Konserven im Wochenrhythmus bis 3 Tage vor der Operation möglich ist. Die entnommenen Blutkonserven müssen deutlich mit dem Entnahmedatum, der Blutgruppe und den wichtigsten Patientendaten wie Name, Vorname und Geburtsdatum gekennzeichnet sein. Ferner muß die Bezeichnung „Eigenblutkonserve“ dauerhaft auf der Konserve angebracht sein.

Da in Vollblutkonserven die Qualität der plasmatischen Bestandteile mit zunehmender Lagerzeit abnimmt, empfiehlt sich dringend eine sofortige Auftrennung des Vollbluts in Erythrozytenkonzentrat und Plasma. Während das Erythrozytenkonzentrat im Kühlschrank gelagert wird, wird das Plasma bei -80 °C schockgefroren und ist dann bei anschließender Lagerung bei -30 °C ein Jahr verwendungsfähig.
Eine Möglichkeit, das Alter der zum Operationstermin bereitgestellten Eigenblutkonserven herabzusetzen, bietet die sogenannte „Bocksprungtechnik" (Tab.2). Bei der zweiten und jeder folgenden Abnahme werden 2 Konserven entnommen und eine der bereits gelagerten Konserven retransfundiert. Zum Operationstermin stehen dann weitgehend frische Vollblutkonserven zur Verfügung. Eine andere Möglichkeit der Lagerung besteht im Trennen von Erythrozyten und Plasma und dem Tieffrieren auch der Erythrozyten. Dazu wird das Erythrozytenkonzentrat mit 250 ml eines Glycerin-Sorbit-Gemisches versetzt und in flüssigem Stickstoff bei -196 ° C gefroren. Die Blutkörperchen sind so mehrere Jahre lagerfähig. Zum Gebrauch werden sie im Wasserbad bei 37 °C aufgetaut, mehrmals mit isotonischer Sorbitlösung gewaschen und mit ACD-Lösung versetzt. Die Vorteile der

Tabelle 2: „Bocksprungtechnik" bei der Eigenblutspende

Tage von Bedarf	Entnahme der Einheiten	Rücktransfusion
28	A	
19–21	B + C	A
10–14	D + E	B
5– 7	F + G	C

Am Bedarfstag sind die 5-15 Tage alten Einheiten D, E, F und G verfügbar.

Verminderung logistischer Probleme bei der Einbestellung von Blutspendern und des Vorhandenseins von Erythrozyten in Frischblutqualität müssen mit einem deutlich größeren Arbeitsaufwand, etwa 3 mal höheren Kosten und einem begrenzten Einsatzlimit nach dem Auftauen (24 Stunden) erkauft werden (Tab.3).
Die Eigenblutspende sollte immer durch den Ersatz von 100 mg Eisen pro Tag, zum Beispiel durch 300 mg Eisen-II-sulfat, unterstützt werden.
Auch autolog verwendetes Blut ist ein Arzneimittel. Für seine Retransfusion bedarf es deshalb einer strengen ärztlichen Indikationsstellung.
Vor der Transfusion ist ein Bedside-Test als AB0 - Identitätstest vorgeschrieben!

Tabelle 3: Charakteristika der Erythrozyten-Gefrierlagerung

Vorteile	Nachteile
Hohe Lagerungsdauer Größere Spenderintervalle	Hoher Arbeitsaufwand
Vielfachspenden individuelle Spendertermine	Hohe Energiekosten
OP-Terminverschiebungen Hohe Qualität der Erythrozyten	Große Lagerkapazität
gewaschene Zellen	Erythrozyten nach Auftauen nur 24 Std. haltbar.

Voraussetzungen für die Eigenblutspende

Der sicherlich größte Nachteil der autologen Spende liegt darin, daß dieses Verfahren nur für einen begrenzten Patientenkreis geeignet ist (Tab.4).
Ein neuer Aspekt bei der Gewinnung von Eigenblut ergibt sich aus der Möglichkeit des Einsatzes von rekombinantem humanem Erythropoietin. Dieses gentechnologisch gewonnene Hormon steht heute in ausreichender Menge zur Verfügung. Seine erfolgreiche Anwendung z.B. bei Hämodialyse-Patienten konnte in mehreren klinischen Studien belegt werden.
Tierversuche an erwachsenen männlichen Pavianen und erste Anwendungen beim Menschen [1, 3, 4] wecken die Hoffnung, daß es auch möglich sein wird, die bisherigen Abstände zwischen zwei Eigenblutspenden von jetzt 7 Tagen auf Grund von Erythropoietingaben in Verbindung mit einer Eisentherapie auf 3 Tage zu verkürzen. Damit wäre der Weg zu einer deutlich höheren Ausbeute an autologem Blut geebnet.

Tabelle 4: Ausschlußkriterien zur Eigenblutspende
Anämie (Hb <11 g/dl) akute Infektion kardiozirkulatorische Insuffizienz (manifeste Herzinsuffizienz, Herzinfarkt <3 Monate, Aortenklappenstenose, instabile Angina pectoris, schwere Rhythmusstörungen) schlechter Allgemeinzustand (verwirrter Zustand, Hypovolämie, Krampfanfälle, ausgeprägte Lungenfunktionsstörung) organisationsbedingte Beschränkungen (Kontrastmittelgabe i.v. <24 Stunden, weitere invasive Maßnahmen am gleichen Tag, <72 Stunden vor OP)

Nicht der großzügige Gebrauch von Blutkomponenten ist gefragt. Eine gute transfusionsmedizinische Versorgung der Patienten zeichnet sich aus durch die Gabe von so wenig Konserven wie nötig und bei den nötigen Transfusionen durch die Verwendung von autologem Blut soviel wie möglich.

Tabelle 5: Charakteristika zum Erythropoietin

Molekül:	Glykoprotein, 34 000 D
Syntheseort:	Niere (90%), Leber (10%), Makrophagen?
Funktion:	Spätstadienhormon in der Erythropoese
Normalwert (Serum):	10 bis 30 U/l
Therapeutische Dosis:	max. 3 x 500 U/Kg/Woche
Therapeutischer Erfolg:	Hämatokritanstieg von 0.20 auf 0.40 in 6 Wochen
Nebenwirkungen:	„grippe“ ähnliche Symptome Blutdruckanstieg erhöhtes Thromboserisiko Enzephalopathie

Literatur

1. *Bormann, v.B., Friedrich, M.:* Rekombiniertes Erythropoietin während präoperativer Eigenblutspenden. Hämatologie. In: Aktueller Stand der Eigenbluttransfusion (Hrsg.: Mempel, W. et al.) S. 82-87. Sympomed, München 1992
2. *Hitzler, W., Bauerfeind, U., Schömig-Brekner, J., Mathias, D.:* Autologe Transfusionsorganisation und Ergebnisse der präoperativen Eigenblutspende kardiochirurgischer Patienten. Anästhesiol. Intensivmed. Notfallmed. Schmerzther. 27: 18-22 (1992)
3. *Goodnough, L. T.:* Erythropoietin Therapy and Autologous Blood Donation in Surgical Blood Conservation Programms. Hämatologie. In: Aktueller Stand der Eigenbluttransfusion (Hrsg.: Mempel, W. et al.) S. 74-81. Sympomed, München 1992
4. *Krieter, M., Frey, L., Bruckner, U. B., Meßmer, K.:* Einsatz von Erythropoietin zur Einsparung von Fremdblut. Hämatologie. In: Aktueller Stand der Eigenbluttransfusion (Hrsg.: Mempel, W. et al.) S. 68-73. Sympomed, München 1992
5. *Mueller-Eckhardt, C. (Hrsg.):* Transfusionsmedizin Springer, Heidelberg 1988

F. Fleischer

Hämodilution: Indikationen und Grenzen

Neben präoperativer Eigenblutspende und intraoperativer Autotransfusion bietet die präoperative Hämodilution eine weitere Alternative zur homologen Bluttransfusion. Die physiologischen Konsequenzen werden für den Patienten als sicher beschrieben mit besonderen Vorteilen bezüglich der Mikrozirkulation. Methodisch ist Aufrechterhaltung der Normovolämie von herausragender Bedeutung. Die Grenzen der Hämodilution werden in erster Linie durch den Sauerstofftransport, aber auch durch eine Dilutionskoagulopathie festgelegt. Als Kontraindikation gilt vor allem der kardial und koronar eingeschränkte Patient.

Das Wissen um die Infektionsrisiken und die immunpathologischen Gefährdungen durch Fremdblut zwingen zu sicheren Alternativen. Neben der präoperativen Eigenblutspende, der intra- und postoperativen Autotransfusion stellt die Hämodilution eine weitere Facette im autologen Blutkonzept dar.
Hämodilution heißt im Wortsinn Blutverdünnung, und es ist im tradierten Gut der Volksmedizin verankert, daß dünnes Blut leichter durch die Adern fließt als verdicktes.
Die Methode läßt sich zurückverfolgen auf den Aderlaß, bei dem neben der Verminderung des plethorischen Zustandes durch Rückfluß aus dem Interstitium eine effektive Autohämodilution erfolgte.

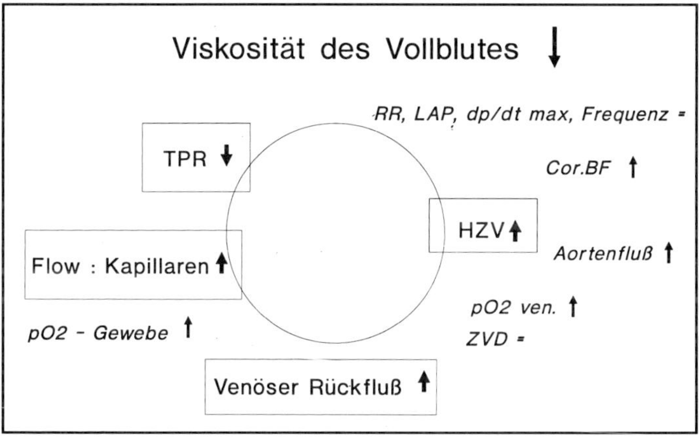

Abb. 1: Physiologie der Hämodilution

Pathophysiologie

Die Konsequenzen der Hämodilution sind in den letzten 20 Jahren wissenschaftlich geklärt worden (Abb. 1): Die Initialzündung [11, 12, 13, 14] für die makro-und mikrozirkulatorischen Veränderungen erfolgt durch die Reduktion der Viskosität des Vollblutes. Dadurch sinkt der totale periphere Widerstand, die Fließgeschwindigkeit in den Transportgefäßen und Kapillaren steigt steil an, wodurch sich der venöse Rückstrom zum Herzen vermehrt, der seinerseits in einem erhöhten Herzminutenvolumen resultiert.
Unter den direkt meßbaren Größen imponiert die Konstanz von arteriellem Blutdruck, von Rechts- und Linksherzvorfüllung und von der Herzfrequenz, während koronarer Blutfluß und Aortenstromgeschwindigkeit [3, 8] zunehmen. Als Ausdruck verbesserten Sauerstofftransportes ist über einen weiten Bereich der Hämodilution die Sauerstoffspannung im Gewebe erhöht, ebenso wie der gemischtvenöse Sauerstoffpartialdruck.

Tabelle 1: Nicht-chirurgische Indikationen für die Hämodilution
– periphere, arterielle Verschlußkrankheit
– zerebral-vaskuläre Erkrankungen chronisch ischämische zerebrale Ausfälle Apoplex
– Durchblutungstörungen des Auges
– Durchblutungsstörungen des Innenohrs
– Risikoschwangerschaft Präeklampsie intrauterine fetale Wachstumsretardierung

Sunder-Plassmann und Meßmer [13] zeigten schon vor 20 Jahren, daß das Optimum des Sauerstofftransportes bei Gesunden in körperlicher Ruhe nicht bei normalem Erythrozytengehalt, sondern bei einer Hämatokritabsenkung auf etwa 30 % herrscht. Diese vorteilhaften Zirkulationsbedingungen wurden im wesentlichen in zwei klinischen Zielsetzungen umgesetzt: Verbesserung der Rheologie, und als eine Variante des Autologen Blutersatzes.

Indikationen

Die optimierten Fließeigenschaften ließen in der konservativen Medizin ein ganzes Spektrum von Indikationen sinnvoll erachten, denen als Gemeinsamkeit eine regionale Durchblutungsstörung zu Grunde liegt (Tab. 1).
In der operativen Medizin ist die Anwendung der Hämodilution nicht auf die in der Literatur am häufigsten zitierten Disziplinen vaskuläre und Herz-Chirurgie sowie Orthopädie beschränkt, sondern kann bei allen Elektivoperationen sinnvoll eingesetzt werden, falls der Umfang der Intervention einen potentiellen Blutverlust von > 1000 ml erwarten läßt und seitens des Patienten keine Gegenanzeigen erkennbar sind.

Technik

Die Praxis [11] der isovolämischen präoperativen Hämodilution ist denkbar einfach (Abb. 2): Nach Infusion von etwa 500 ml Kristalloiden und Narkoseeinleitung werden schritt-

weise 2-4 Einheiten Vollblut in industriell konfektionierte, mit Antikoagulans-Stabilisator versehene Blutbeutel über eine dickkalibrige Venen- oder Arterienkanüle abgenommen. Gleichzeitig muß die abgenommene Blutmenge isovolämisch mit Plasmaersatzstoffen über einen kontralateral liegenden Gefäßzugang substituiert werden.
Die chirurgisch bedingte Blutung wird zunächst durch Kolloidinfusionen ausgeglichen, bis nach abgeschlossener Blutstillung oder bis nach Unterschreiten eines für den jeweiligen Patienten individuellen Zielhämatokrit die abgenommenen autologen Warmblutkonserven in umgekehrter Reihenfolge zur Entnahme rücktransfundiert werden. Eine ergänzende Kombination mit intraoperativer Autotransfusion bietet sich an.
Das notwendige Monitoring bei der Hämodilution überschreitet normalerweise nicht das Maß sorgfältiger Narkoseüberwachung. Engmaschige Blutdruckbestimmung, kontinuierliche Frequenzregistrierung und gegebenenfalls die Messung des zentralen Venendruckes reichen in aller Regel aus; allerdings

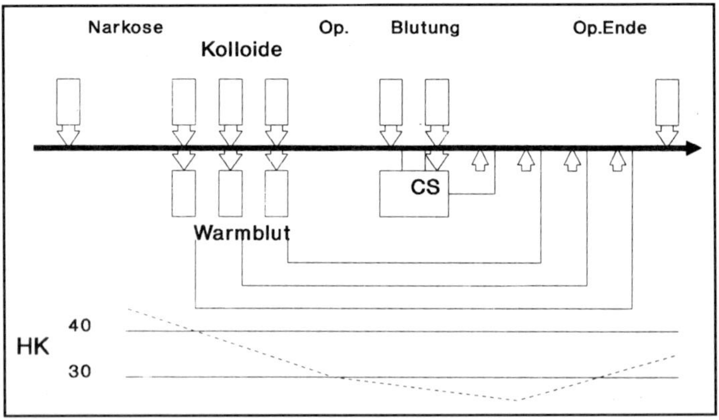

Abb. 2: Praxis der isovolämischen Hämodilution

sollten beim Risikopatienten alle zusätzlichen Informationen von liegenden invasiven Meßinstrumenten genutzt werden: Pulmonalarterieller Druck, Herz-Zeit-Volumen-Bestimmung, gemischtvenöses pO_2, Sauerstofftransportparameter. Sinnvolle Laborkontrollen [11, 14] umfassen Blutgase, Säure-Basen-Status und die Blutgerinnung. Wiederholte Kontrollen von Hb/Hk erhöhen die Sicherheit des Verfahrens; diese sind auch mit einfachen Geräten „bettseitig" im Operationssaal bestimmbar.
Das Ausmaß der geplanten Dilution läßt sich durch mehr oder weniger komplizierte Formeln vorausberechnen, oder aus einem einfachen Normogramm [20] ablesen oder man geht pragmatisch so vor, daß man 10-15 ml/kg KG Blut abnimmt, und nach jeweils 1-2 Einheiten den aktuellen Hb/Hk bestimmt. Man kann davon ausgehen, daß pro 500 ml Hämodilution der Hk um je 4 % abnimmt [18]. Die Zuhilfenahme eines programmierbaren Taschenrechners, wiewohl er die Berechnung im Einzelfall [10] erleichtern mag, scheint im Routinebetrieb entbehrlich.
Die Kardinalbedingung einer prä-, aber auch intraoperativen Hämodilution ist die strenge Einhaltung der Normovolämie. Dazu sind einige Kenngrößen der benutzten Plasmaersatzmittel [15] unbedingt erforderlich (Tab. 2). Bei Verwendung der niedermolekularen Hydroxyäthylstärke

Tabelle 2: Plasmaersatzmittel

Substanz	Konzentration	Volumeneffekt	Dauer
Dextran 60	6%	1	5-6 h
Dextran 40	10%	1,4-2,0	2-3 h
HÄS 450	6%	1	6-8 h
HÄS 200	10%	1,4-2,0	2-4 h
HÄS 200	6%	1	2-4 h
HÄS 40	6%	0,7-0,8	2-3 h
Gelatine	3,5-5,5%	0,7-0,8	2-3 h

(HÄS) oder Gelatinelösungen heißt dies nicht Zufuhr gleicher Volumeneinheiten, sondern Berücksichtigung des Volumeneffektes der verwendeten Lösung. Ein weiterer häufig beobachteter Fehler ist die Nichtbeachtung kurzer Halbwertszeiten, die u.U. häufige Nachinfusionen nötig machen. Eine Analyse der Literatur deckt unterschiedliche bis widersprüchliche Anschauungen über Vor- und Nachteile der einzelnen Ersatzmittel auf. Bei adäquaten Einsatz eignen sich sicher Dextrane, HÄS und Gelatine gleichermaßen.

Grenzen

Die schwierigste Frage bei der autologen Transfusion ist die Festlegung des niedrigsten noch zu akzeptierenden Hb-Wertes. Üblicherweise gilt ein Hämatokrit von 20 % als akzeptabel, unter 15 % wird er als kritisch bewertet. Vielmehr bringen Randbedingungen variable Störgrößen. So ist die Definition des Optimums, des akzeptablen Minimums sowie des kritischen Hämotokrit-Wertes nur für die genau festgelegten Umstände, für den aktuellen Zustand des Patienten und für die Begleiterkrankungen individuell zutreffend. So wird ein kontrolliert beatmeter, optimal monitorisierter Patient im Operationssaal einen niedrigeren Hämatokrit sicherer tolerieren als ein spontan Raumluft atmender, durch postoperative Analgetika atemdeprimierter Patient auf der allgemeinen Pflegestation.
Welche Werte sind dennoch greifbar?
Bemerkenswert sind die Festlegungen von Mikulicz vor 100 Jahren [4], der sich mit dem in der Literatur niedrigsten Hämatokrit, von 14, für einen operativen Eingriff in Allgemeinanästhesie zufrieden gab.

Heute gilt die 10/30 Regel [17], d. h. beim Unterschreiten eines Hb-Wertes von 10 g bzw. eines Hk-Wertes von 30 % wird die Notwendigkeit einer Bluttransfusion diskutiert. Zander leitete [19] aus theoretischen Überlegungen einen sicheren Sauerstoff-Transport bis auf einen Hb von 7,5 g/dl her. In einer begrenzten, nur retrospektiv erhobenen Studie von Carson [2] steigt die operative Mortalität mit dem Abfall des Hb < 8,5 g/dl. Die untere Grenze des Hk ergibt sich nicht aus einer eingeschränkten O_2 - Versorgung des Gesamtorganismus , als vielmehr aus der Sauerstoffversorgung des empfindlichsten Organs, des Organs mit der größten arteriovenösen Sauerstoffdifferenz, dem Herzen [6, 8, 19]. Neben dem Sauerstofftransport limitiert aber auch die Hämostase [4] und unter besonderen Umständen der abgesunkene periphere Kreislaufwiderstand die Hämodilution.

Kontraindikationen

Beim gesunden Herzen bestehen insofern gute Kompensationsmechanismen, als der koronare Blutfluß überproportional zur Herz-Zeit-Volumen-Steigerung wächst. Die Energiebilanz des Herzens scheint durch Verschiebung des Herzarbeitsdiagramms von „Druck“-Arbeit zu einer „Fluß“-Arbeit verbessert [3]. Bei Patienten mit eingeschränkter Koronarreserve ist aber wegen der begrenzten Möglichkeit einer Koronardilatation die dilutionsbedingte Koronarflußzunahme eingeschränkt, was in Sauerstoffversorgungsdefizite mit konsekutiver Funktionseinschränkung des regionalen Myokards einmünden kann. Dies begründet auch die wesentlichste Kontraindikation für die Hämodilution [1, 11, 16]. Außerdem gelten auch Anämien, manifeste

Gerinnungsstörungen und eine dekompensierte Herzinsuffizienz sowie schwere Lungenfunktionsstörungen und Hypovolämie als Gegenanzeigen.

Einsparung von Fremdblut

Die Angaben in der Literatur nach der Effektivität bezüglich der Einsparung von Fremdblut [9, 10, 11, 17, 18] streuen dazu vom Nulleffekt bis nahezu totalem Erfolg. Trotz dieser Widersprüche liefert die isovolämische Hämodilution vor allem in der Kombination mit anderen Verfahren einen wirksamen, einfachen und sicheren Beitrag zum Autologen Blutkonzept.

Literatur

1. *Bormann, B. v., Friedrich, M.:* Der kritische Hämatokrit aus klinischer Sicht. AINS 26: 219-223 (1991)
2. *Carson, J.L., Spence, R.K., Poses, R.M., Bonavitta, G.:* Severity of anaemia and operative mortality and morbidity. Lancet IV : 727 - 729 (1988)
3. *Crystal, G.J., Salem, M.R.:* Myocardial segmental shortening during selective coronary hemodilution in dogs. Anesth. Analg. 67: 500-508 (1988)
4. *Da Costa, C., Kalteyer, F.J.:* The blood changes induced by the administration of ether as an anaesthetic. Ann. Surg. 34:229 - 260 (1901)
5. *Dietrich, G., Kretschmer, V., Orth, D., Haupt, W.:* Primary Hemostasis in Hemodilution. Infusionstherapie 17: 212 - 216 (1990)
6. *Hagl, S., Heimisch, W., Meisner, H., Erben, R., Baum, M., Mendler, N.:* The effect of hemodilution on regional myocardial function in the presence of coronary stenosis. Basic Res. Cardiol. 27: 416 - 432 (1977)

7. *Kettler, D., Hellberg, K., Klaess, G., Kontokollias, J.S., Loos, W., de Vivie, R.:* Hämodynamik, Sauerstoffbedarf und Sauerstoffversorgung des Herzens unter isovolämischer Hämodilution. Anaesthesist 25: 131 - 136 (1976)
8. *Klövekorn, W.P.:* Die myocardiale Sauerstoffversorgung unter Hämodilution bei herzgesunden und herzchirurgischen Patienten. Infusionstherapie 17 (Suppl.2): 24 - 27 (1990)
9. *Klövekorn, W.P., Meßmer, K.:* Warum entspricht der berechnete „in vitro" Effekt der präoperativen Hämodilution nicht den klinischen Tatsachen ? Anaesthesist 25: 193 - 194 (1976)
10. *Lorentz, A., Oswald, P.M., Schilling, M., Jani, L.:* Vergleich autologer Transfusionsverfahren in der Hüftgelenkschirurgie. Anaesthesist 40: 205 - 213 (1991)
11. *Martin, E., Hansen, E., Peter, K.:* Acute limited normovolemic hemodilution - a method for avoiding homologous transfusions. World J. Surg. 11: 53 - 59 (1987)
12. *Mathru, M., Kleinman, B., Blakeman, B., Dres, D., Zecca, A., Rao, T.:* Cardiovascular adjustment and gas exchange during extreme hemodilution. Crit. Care Med. 19: 700 - 704 (1991)
13. *Messmer, K., Sunder-Plassmann, L., Klövekorn, W.P., Holper, K.:* Circulating significance of hemodilution, rheological changes and limitations. Adv. Microcirc. 4: 1-77 (1972)
14. *Messmer, K., Kreimeier, U., Intaglietta, M.:* Present state of intentional hemodilution. Eur. Surg. Res. 18: 254 - 263 (1986)
15. *Messmer, K.F.W.:* The use of plasma substitutes with special attention to their side effects. World J. Surg. 11: 69 - 74 (1987)
16. *Messmer, K.F.W.:* Acceptable hematocrit levels in surgical patients. World J.Surg. 11: 41 - 46 (1987)
17. *NIH - Consensus Development Conference Statement:* Perioperative Red Cell Transfusion 7:4 (1988)
18. *Wrobel, R., Hensel, M., Pahlig, H.:* Die präoperative Hämodilution als eine Möglichkeit der autologen Transfusion. Zentralbl. Chir. 116: 386 - 397 (1991)
19. *Zander, R.:* Der arterielle Sauerstoffstatus als limitierender Faktor einer Hämodilution. Infusionstherapie 17 (Suppl.2): 24 - 27 (1990)
20. *Zetterström, H., Wiklund, H.:* A new nomogram facilitating adequate hemodilution. Acta Anaesthesiol. Scand. 30: 300 -304 (1986)

R. Schönstedt

Plasmapherese

Bei der Plasmapherese wird präoperativ über unterschiedliche Separationsverfahren Vollblut in Erythrozytenkonzentrat und Plasma aufgetrennt, wobei die Erythrozyten dem Patienten zurückgeführt werden und das Plasma tiefgefroren wird und damit bis zu zwei Jahre zur Verfügung steht. Vorteile der Plasmapherese sind der Gewinn einer großen Menge an hochwertigem autologem Plasma (bis zu 2700 ml in drei Sitzungen) mit physiologischem Gehalt aller Gerinnungsfaktoren, mit Humanalbumin und Immunglobulinen. Durch präoperative Plasmapherese kann auf die intraoperative Transfusion von homologem Blut und Plasma verzichtet werden, wodurch eine Übertragung von Infektionskrankheiten vermieden wird.

Plasmapherese

Plasmapherese bedeutet die Trennung von Vollblut in Erythrozyten und Plasma durch Zentrifugation und/oder Filtration [3,5,7,9]. Mit dieser Methode ist es möglich, vor einer geplanten Operation Plasma zu gewinnen, das dann anstelle von homologem Blut und Plasma ohne Risiken einer Infektionsübertragung retransfundiert werden kann.

Indikation und Risiko für homologes Frischplasma

Indikationen für Frischplasma sind erworbene Gerinnungsstörungen und die durch Schock, Sepsis oder andere schwere Krankheitsbilder bedingte Verbrauchskoagulopathie. Nachdem in den letzten 10 Jahren ein ständig steigender Verbrauch zu verzeichnen war, wurde erst als Folge der Diskussion über Hepatitis- und AIDS-Übertragung die Indikation für Frischplasmagabe strenger gestellt. Die Infusion von Frischplasma birgt das gleiche Risiko wie Fremdblut, sowohl bezüglich der Infektionsgefahr als auch bezüglich von Unverträglichkeitsreaktionen [9]. Es besteht keine Indikation für Frischplasma, wie früher häufig gehandhabt, zur Volumentherapie, als Zugabe nach einer bestimmten Anzahl von Erythrozytenkonzentraten, als Ersatz für Eiweiß und für einzelne Gerinnungsfaktoren oder sogar als Zusatz zur parenteralen Ernährung [4].

Autologes Frischplasma

Bei der autologen Plasmagewinnung stehen zwei Möglichkeiten zur Verfügung:
1. Bei der präoperativen Eigenblutspende wird 500 ml Vollblut entnommen, zentrifugiert und der Überstand als Frischplasma separiert und eingefroren. Pro Blutspende ergibt sich jedoch nur ein Gewinn von ca. 300 ml Plasma [3,7], da das Vollblut je nach Hämatokrit in ca. 200 ml Erythrozytenkonzentrat und der Rest als Plasma aufgeteilt wird.
2. Bei der Plasmapherese wird dem Patienten diskontinuierlich Vollblut unter Zitratzusatz entnommen und extrakorporal aufgetrennt [9]. Die Separation von Plasma kann nach zwei unterschiedlichen Verfahren durchgeführt werden. Beim Filtrationsverfahren wird das Vollblut über ein Filtersystem gepumpt und Plasma gewonnen. Beim Zentrifugationsverfahren wird Vollblut in eine Glocke gepumpt, mit ca. 5000 U/Min zentrifugiert und das Plasma abgetrennt. Nach der Separation werden bei beiden Verfahren die Erythrozyten dem Patienten zurückgeführt, sodaß kein Verlust an Sauerstoffträgern resultiert, sondern nur reines Plasma mit allen Bestandteilen von Albuminen, Immunglobulinen und dem gesamten Hämostasepotential gewonnen wird. Aufgrund technischer Voraussetzungen kann beim Filtrationsverfahren das extrakorporale Volumen mit ca. 150 ml etwas niedriger gehalten werden als beim Zentrifugationsverfahren mit ca. 300 ml [6], sodaß die Filtrationsmethode für Kinder besser nutzbar ist. Während einer Plasmapherese wird dem Patienten zwischen 600 - 900 ml Plasma abgenommen, sodaß eine wesentlich größere Menge von Frischplasma gewonnen werden kann als bei einer Eigenblutspende mit ca. 300 ml, wobei noch zu berücksichtigen ist,

daß durch Wiederholen der Plasmapherese in einwöchigen Abständen und durch Tiefgefrieren des Plasmas der Gewinn noch effektiver ist.

Durchführung der Plasmapherese

Nach Indikationsstellung zur Operation wird nach Terminabsprache in Zusammenarbeit mit der Anästhesieabteilung bzw. mit dem Labor die Plasmapherese einige Wochen bis Monate präoperativ, meistens ambulant, durchgeführt.
Am Spendetermin sollte der Patient auf keinen Fall nüchtern sein, um vasovagalen Reaktionen vorzubeugen. Pro Sitzung, die ca. 1 bis 1 1/2 Stunden dauert, werden über eine Kanüle nach mehreren Separierungsvorgängen bis zu 900 ml Plasma abfiltriert, so daß bei einer Plasmapherese im Vergleich zur Eigenblutspende die 3-fache Menge an Frischplasma gewonnen werden kann. Parallel zur Abnahme wird am kontralateralen Arm eine kristalloide Lösung mit 1000 ml infundiert, anschließend oder auch gleichzeitig noch zusätzlich 500 ml einer kolloidalen Lösung. Das gewonnene Frischplasma wird sofort bei -80 °C schockgefroren und anschließend bei -30 °C gelagert. Die Plasmaspende kann dann, je nach Größe der Operation und zu erwartendem Blutverlust, nach 7 - 10 Tagen wiederholt werden. Nach 3 Sitzungen steht somit ein Plasmavolumen von 2700 ml zur Verfügung.

Indikation zur Plasmapherese

Indikationen für die Plasmapherese (Tab. 1) sind planbare Operationen, die mit einem erwartetem Blut- und Volumenverlust von mehr als 800 ml einhergehen [5,6,7,8]. Das Verfahren eignet sich auch gut für morbide Patienten, bei denen aufgrund eines niedrigen Hb-Wertes eine Eigenblutspende kontraindiziert ist [2]. Ist bei Operationen die „maschinelle intraoperative Autotransfusion“ (MAT) vorgesehen, bietet das autologe Frischplasma die ideale Ergänzung zum intraoperativ gewonnenen Erythrozytenkonzentrat. Das beim Autotransfusionsverfahren abgesaugte Blut wird gewaschen und zentrifugiert, wobei die Erythrozyten retransfundiert werden, das gesamte mitabgesaugte Plasma mit allen Gerinnungsfaktoren jedoch verworfen wird.
Für die Plasmapherese eignen sich alle elektiven Eingriffe mit zu erwartendem Blutverlust von mehr als einem Liter und einem Zeitabstand von einer Woche bis zur Operation. Somit können die Vorteile dieses Verfahrens bei allen chirurgischen Operationen in der Orthopädie, Gynäkologie, Neurochirurgie, HNO und Kieferchirurgie, Urologie, Allgemeinchirurgie, Gefäßchirurgie und besonders in der Herzchirurgie genutzt werden [3].

Tabelle 1: Indikation zur Plasmapherese

- Elektive Eingriffe
- Erwarteter Blutverlust > 800 ml
- Intraoperative maschinelle Autotransfusion

Vorteile der präoperativen Plasmapherese

Die Plasmapherese bietet gegenüber den kolloidalen Lösungen und gegenüber homologem Frischplasma folgende Vorteile (Tab. 2):
Der Gehalt an Gerinnungsfaktoren ist hochwertig und auch nach dem Auftauen zu 100 % voll funktionsfähig. Untersuchungen haben gezeigt, daß das autologe Frischplasma dem homologen bezüglich der Gerinnung sogar überlegen ist [6,8]. Die Gefahr einer Infektionsübertragung bzw. einer Sensibilisierung wie bei homologem Blut oder Plasma ist nicht gegeben. Autologes Frischplasma gilt als idealer physiologischer Volumenersatz mit entsprechend langer Halbwertszeit. Weiterhin hat das Plasma mit 12 - 15 g/L eine hohe Konzentration an Immunglobulinen, so daß die Infektionsgefahr vermindert ist [7]. Die Plasmapherese ist im Gegensatz zur Eigenblutspende weder durch das Alter noch durch Risikofaktoren wie koronare Herzkrankheit limitiert. Die hämodynamischen Auswirkungen durch die Spende sind

Tabelle 2: Vorteile Plasmapherese
– Hochwertiges Hämostasepotential
– Keine Infektionsübertragung (u.a. Hepatitis - AIDS)
– Physiologischer Volumenersatz
– Hoher Immunglobulingehalt
– Infektionsschutz
– Reduktion von Fremd-, Eigenblut und Frischplasma
– Keine Limitierung durch Alter und Risikofaktoren
– Lagerungsmöglichkeit bis zu 2 Jahre
– Reduktion von thromboembolischen Komplikationen?
– Verbesserte Wundheilung?
– Reduzierte Malignom- und Metastasierungsrate?

minimal und werden vom Patienten sehr gut toleriert [2], weil kein Defizit von Sauerstoffträgern wie bei der Eigenblutspende entsteht, sondern ein reiner Plasmaverlust, der allerdings durch gleichzeitige Infusion von Plasmaexpandern und kristalloiden Lösungen sofort kompensiert wird. Dies bedeutet, daß auch polymorbide Patienten, auch geriatrische Patienten und Kinder (über 25 kg), aber auch Patienten mit Anämie, die nicht zur Eigenblutspende zugelassen sind, diesen Vorteil nutzen können. Das Auftreten einer Anämie ist unter normovolämischen Bedingungen gut zu tolerieren [10]. Ein weiterer Vorteil im Vergleich zur Eigenblutspende ist die wesentlich längere Lagerungsdauer von bis zu 2 Jahren, so daß der Operationstermin nicht durch das Verfalldatum der Spende beeinträchtigt wird.
Es gibt Beobachtungen, daß postoperativ weniger thromboembolische Komplikationen auftreten und daß die Wundheilung durch den Gehalt an Faktor XIII verbessert sei [7,9]. Außerdem ist der immunsuppressive Schutz in autologem Plasma größer als in homologem Blut oder Plasma, wie retrospektive Studien an Hand von Malignomwachstum und Metastasierungsrate gezeigt haben [7]. Diese Hypothesen sind allerdings noch durch größere Patientenkollektive zu stützen.

Tabelle 3: Kontraindikation zur Plasmapherese
– Gesamteiweiß unter 60 g/L
– Gerinnungsstörungen
– Immunkörpermangelsyndrom
– Infektion und Sepsis
– Volumenmangel

Kontraindikation für die Plasmapherese und Nachteile

Als Kontraindikationen (Tab. 3) gelten neben niedriger Eiweißkonzentration unter 60 g/L Gerinnungsstörungen und ein Immunkörpermangelsyndrom. Weiterhin sind Patienten mit einer schweren Infektion, Sepsis und gravierendem Volumenmangel auszuschließen [6,7,8].

Insgesamt kann gesagt werden, daß bei einem Patienten mit der Indikation zur Operation und einem vorhersehbaren Blutverlust auch die Indikation zur Plasmapherese gegeben ist.

Als Nebenwirkungen treten in seltenen Fällen bei der Spende vasovagale Reaktionen und bei der Infusion von kolloidalen Lösungen allergische Reaktionen auf.

Einschränkungen sind durch die Dringlichkeit der Operation gegeben, da das Verfahren fast nur bei elektiven Eingriffen angewandt werden kann. Die Plasmapherese soll einige Wochen bis Monate vor der geplanten Operation begonnen werden. Spätestens 1 Woche präoperativ soll die letzte Plasmapherese erfolgt sein. Hieraus läßt sich als Nachteil des Verfahrens der große organisatorische Aufwand abschätzen, der sich nur mit personeller Erweiterung bewältigen läßt. Weiterhin entstehen primär hohe Investitionskosten, die sich allerdings in Krankenhäusern mit hoher Plasmaphereseauslastung nach wenigen Jahren aufgrund des erniedrigten Verbrauchs an homologen Substanzen wieder ausgleichen. Das Verfahren der Plasmapherese hat sich deswegen auch in den orthopädischen Kliniken, in denen Operationen auf lange Sicht planbar sind, durchgesetzt.

Veränderungen des Plasmagehalts und der Plasmafunktion

Nach Untersuchungen von mehreren Autoren sind die Veränderungen der Blutzusammensetzung durch die Plasmapherese minimal und haben zum Zeitpunkt einer neuen Spende bzw. zum Operationstermin die Ausgangswerte wieder erreicht [8,9]. Unmittelbar nach der Spende kommt es infolge des Dilutionseffektes zu einem leichten Abfall der Gerinnungsfaktoren, des Gesamteiweißes und zu einem leichten Anstieg der Thrombinzeit und der PTT. Alle Werte bleiben aber im unteren Normbereich und haben sich nach 24 Stunden wieder soweit normalisiert, daß kein signifikanter Unterschied zum Ausgangswert mehr besteht. Ein ähnlicher Verlauf ist auch bei Immunglobulinen zu beobachten.

Akute Plasmapherese

Die „akute Plasmapherese“ wird zur Zeit kontrovers diskutiert [1]. Hierbei wird unmittelbar präoperativ, ähnlich wie bei der Hämodilution, Plasma gewonnen. Je nach Zentrifugationsgeschwindigkeit kann dieses Plasma in thrombozytenreiches - und thrombozytenarmes Plasma separiert werden. Dieses Verfahren ist allerdings durch die anschließend durchzuführende Operation mit entsprechender Personalbindung noch zeit- und noch personalintensiver als die übliche präoperative Plasmapherese. Durch den Dilutionseffekt mit reduziertem Hämostasepotential sind ein größerer Blutverlust und ein höherer Blutverbrauch die Folge. Die Effektivität der akuten Plasmapherese ist umstritten.

Sinnvoll erscheint dieses Verfahren höchstens bei der extrakorporalen Zirkulation, weil hier in Form der thrombozytenreichen-Frischplasmagewinnung postoperativ eine Substanz zur Verfügung steht, die sich positiv auf die Gerinnung auswirkt und damit die Drainageverluste reduziert.

Schlußfolgerung

Die Plasmapherese ist bei allen Konzepten der Fremdbluteinsparung ein entscheidender Baustein. Sie ist bei allen planbaren Operationen, bei denen ein Blut- oder Volumenverlust zu befürchten ist, mit einem hohen Maß an Sicherheit für den Patienten leicht durchzuführen. Unter bestimmten Voraussetzungen ist die Plasmapherese auch akut direkt präoperativ sinnvoll.

Durch die Plasmapherese steht eine große Menge an autologem Plasma mit hochwertigen Gerinnungsfaktoren zur Verfügung. Das Plasma stellt einen idealen Volumenersatz dar, der zu einer Einsparung von Fremdblut, Fremdeiweiß, aber auch von Eigenblut und künstlichen Kolloiden führt. Weiterhin ist durch das autologe Plasma ein Schutz vor Infektionsübertragungen gegeben.

Demgegenüber stehen die Nachteile mit hohen Investitionskosten und großem personellen und zeitlichem Aufwand. Dies ist auch der Grund, daß das an sich ideale Verfahren der Plasmapherese nur in wenigen Kliniken und Blutbanken angeboten werden kann.

In Kürze werden jedoch Geräte zur Verfügung stehen, die nicht nur die Eigenblutspende oder die Plasmapherese durchführen können, sondern dann bei insgesamt niedrigeren Investitionskosten beide Verfahren in einem Gerät ermöglichen.

Literatur

1. *Boldt, J., v. Bormann, B., Kling, D., Jakobi, M., Moosdorf, R., Hempelmann, G.:* Preoperative plasmapheresis in patients undergoing cardiac surgery procedures. Anesthesiology 72: 282-288 (1990)
2. *v. Bormann, B., Boldt, J., Schleinzer, W., Kling, D., Hempelmann, G.:* Hämodynamik unter Spenderplasmapherese. Anaesthesist 37: 316-320 (1988)
3. *Henn-Beilharz A., Krier, C.:* Wege zur Einsparung von Fremdblut. Anästhesiol. Intensivmed. Notfallmed. Schmerzther. 26: 59-75 (1991)
4. *Kretschmer, V.:* Perioperative Gerinnungstherapie und -diagnostik. Infusionstherapie 17: 9-19 (1990)
5. *Mehrkens, H.-H., Geiger, P., Schleinzer, W., Weindler, M., Wollinsky, K.H., Pohland, H.:* Vier Jahre Erfahrung mit dem autologen Transfusionskonzept Ulm (ATU). Infusionstherapie 17 (Suppl. 2): 28-30 (1990)
6. *Mehrkens, H.-H., Geiger, P., Weindler, M., Wollinsky, K.H., Pohland, H.:* Verfahren zur apparativen autologen Spende und Transfusion. Infusionstherapie 28: 274-282 (1991)
7. *Schleinzer, W., Mehrkens, H.H., Weindler, M., Wollinsky, K., Pohland, H.:* Klinisches Konzept der autologen Transfusion: Hämodilution, maschinelle Autotransfusion, Plasmapherese, Eigenblutspende. Anästh. Intensivmed. 28: 235-241 (1987)
8. *Schleinzer, W., Mehrkens, H.H., Buchholz, K.:* Das autologe Transfusionskonzept der Endo-Klinik, Hamburg/Wintermoor. Lab. med. 12: 419-425 (1988)
9. *Schleinzer, W., Mehrkens, H.H., v.Bormann, B., Weindler, M., Wollinsky, K.H.:* Präoperative Plasmapherese. Klin. Wochenschr. 66 (Suppl. XV): 33-39 (1988)
10. *Zander, R.:* Der arterielle Sauerstoffstatus als limitierender Faktor einer Hämodilution. Infusionstherapie 17 (Suppl. 2): 22-23 (1990)

H. Polarz

Intraoperative Autotransfusion: Voraussetzungen und Indikationen

Bei der intraoperativen Autotransfusion stehen die Rücktransfusion von unaufbereitetem Blut, also die „Vollblut-Autotransfusion“, zur Verfügung sowie die maschinelle Zellseparation mit dem „Cell-Saver“, bei der ein gewaschenes Erythrozytenkonzentrat als Endprodukt entsteht. Der Einsatz eines Cell-Savers ist immer dann sinnvoll, wenn ein großer Blutverlust zu erwarten ist und eine bakterielle oder Tumorzell-Kontamination ausgeschlossen sind.

Neben der präoperativen Eigenblutspende stehen uns an Apparate gebundene Verfahren zur sofortigen Aufarbeitung intraoperativ verlorenen Blutes zur Verfügung.
Die Idee der intraoperativen Autotransfusion geht auf Blundell zurück, der 1818 postpartale Vaginalblutungen bei 10 Patientinnen auffing und nach einfacher Gazesiebfilterung retransfundierte [1]. Die Autotransfusion wurde von Duncan 1886 während der Amputation eines unfallverletzten Beines angewandt [2]. Die moderne Ära der autologen Transfusion begann 1914 mit der Anwendung dieses Verfahrens bei der rupturierten Extrauteringravidität durch Thies in Leipzig [3].
Mit der Einrichtung von Blutbanken - die erste Blutbank entstand 1935 in den USA - geriet diese Methode in Vergessenheit. Bei der intraoperativen Autotransfusion stehen die Rücktransfusion von unaufbereitetem Blut, also die „Vollblut - Autotransfusion“ sowie die maschinelle Zellseparation zur Verfügung, bei der ein gewaschenes Erythrozytenkonzentrat als Endprodukt entsteht.

Vollblut-Autotransfusion

Bei der „Vollblut - Autotransfusion“ muß die mechanische Zellzerstörung berücksichtigt werden, also die Freisetzung von Hämoglobin, Abnahme der Erythrozytenzahl, Schaumbildung, Aktivierung des Gerinnungssystems und Wiedergabe von Natriumzitrat. Bei großen Blutumsätzen spielt das schon eine Rolle.

ATS-Bentley-System

Das früher für die Rücktransfusion von unaufbereitetem Blut verwendete maschinelle Retransfusionsystem ATS - Bentley wurde aufgrund tödlicher Luftembolien, schlechter Saugtechnik mit Schaumbildung, Retransfusion von Blutzelldetritus und Einschwemmung aktivierter Gerinnungsfaktoren zwischenzeitlich vom Markt genommen [4]. Stattdessen werden heute das Solcotrans-System und das Sorenson-Receptal-Set benutzt.

Solcotrans-System

Eine besonders einfache Methode zur „Vollblut - Autotransfusion“ stellt das Solcotrans-System dar. In einem starren, flachen, rechteckigen Einmalbehälter befindet sich ein weicher, filterloser Beutel.Ein am Kopfende befindlicher Anschluß des Wandsogs (100-140 Torr) bewirkt die passive Entfaltung dieses Beutels und damit zugleich die Aspiration des sauberen, fliessenden Blutes über die Saugereinheit an der Basis.Insgesamt können 450 ml Patientenblut mit 30 ml CPD-A aufgenommen werden. Das Blut wird über einen 40 μ Filter retransfundiert [5]. Die Indikation ist immer dann gegeben, wenn aus der Tiefe eines Blutsees, Blut möglichst schonend, wenig traumatisierend abgesaugt wird um die

mechanische Erythrozytenzerstörung zu vermeiden. Diese Voraussetzungen sind hauptsächlich in der Gefäßchirurgie erfüllt. Dieses Gerät kann bevorzugt bei venösen Thrombektomien, in der Shunt-Chirurgie bei portaler Hypertension und bei aorto-iliakalem und aorto-femoralem Bypass eingesetzt werden. Kontraindikationen für ein Solcotrans-System sind Tumorchirurgie, septische Eingriffe und kontaminiertes Blut (z.B. Eröffnung des Darmlumens).

Sorenson-Set

Das Sorenson-Set ist für die Retransfusion von ungerinnbarem Blut aus der Thoraxhöhle und bei systemisch heparinisierten Patienten geeignet [6].

Erythrozytenkonzentrat - Autotransfusion

Für die Herstellung von gewaschenem Erythrozytenkonzentrat stehen uns mehrere Geräte zur Verfügung. Als wichtige Vetreter sind: Haemonetics, Dideco Autotrans, Cobe - Zell - Prozessor und Electromedics zu nennen. In Tabelle 1 werden Eigenschaften zweier Geräte zur maschinellen, intraoperativen Autotransfusion verglichen.

Tabelle 1: Vergleich zwischen Cell-Saver und Cobe-Zell Prozessor

Cell-Saver (Firma Haemonetics)	Cobe-Zell-Prozessor (Firma Cobe)
kurze Aufarbeitungszeit kostenneutral, wenn >2 EK retransfundiert werden Qualität des EK's gut	verzögerte Aufarbeitung wirtschaftlich auch bei geringen Blutverlusten Qualität gut

Die Antikoagulation des Patientenblutes erfolgt über einen Infusions-Bypass an der Saugerspitze, über den aus einer 1000 ml physiolog. Kochsalzlösung mit 30000 I.E. Heparin enthaltenden Flasche 100 ml NaCl und 3000 I.E. Heparin pro 500 ml Blut zufließen. Das Blut wird in einem 2-3 l fassenden, filterhaltigen Reservoir gesammelt und dann einem Separations- und Waschprozeß mit physiologischer Kochsalzlösung unterzogen. Dabei werden mit dem Proteinanteil Zelldetritus, freies Hämoglobin, Heparin und das gestörte Gerinnungspotential entfernt bzw. ausgewaschen. Wird der Spülprozeß mit angewärmter physiologischer Kochsalzlösung durchgeführt, lassen sich zudem Fettpartikel besser beseitigen. Als Endprodukt ensteht ein gewaschenes - durch Spülung vorgewärmtes - Erythrozytenkonzentrat mit einem Hämatokrit von 50-85% je nach Dauer des Zentrifugiervorgangs, das eine Heparinaktivität von 60 bis maximal 200 I.E. enthält.
Der Einsatz eines Cell-Savers ist immer dann sinnvoll, wenn ein großer Blutverlust zu erwarten ist und eine bakterielle oder Tumorzell- Kontamination ausgeschlossen sind.
Die Anwendungsgebiete für einen Cell-Saver sind die Gefäßchirurgie, Kardiochirurgie, Orthopädie, Traumatologie, Lebertransplantation und Gynäkologie [7].
Nicht zu vergessen sind die hohen Anschaffungskosten (60-70000 DM) und die Ausgaben für Einmalsets (250-300 DM), so daß der Einsatz wirklich nur in Bereichen mit tatsächlich täglichem Bedarf gerechtfertig ist.

Literatur

1. *Blundell, J.:* Experiments on the transfusion of blood by the syringe. Lancet IX: 57-92 (1818)
2. *Duncan, J.:* On reinfusion of blood in primary and other amputations. Br.Med.J.: 192-193 (1886)
3. *Thies, J.:* Zur Behandlung der Extrauteringravidität. Zbl. Gynäkol. 34: 1191-1193 (1914)
4. *Klebanoff, G.:* Intraoperative autotransfusion with the Bentley ATS - 100. Surgery 84: 708-712 (1978)
5. *von Haefen, B.:* Intraoperative autotransfusion. Anästh. Intensivmed. 29: 68-71 (1988)
6. *Carter, R. F., Mc Ardle, B., Morritt, G. M., Fetal, R.:* Autologous transfusion of mediastinal drainage blood. Anaesthesia 36: 54-59 (1981)
7. *Henn-Beilharz, A., Krier, C.:* Wege zur Einsparung von Fremdblut. Anästhesiol. Intensivmed. Notfallmed. Schmerztherapie 26: 61-75 (1991)

M. Wiesel, C. Güdemann, G. Staehler

Maschinelle Autotransfusion in der Tumorchirurgie

Der Einsatz der intraoperativen maschinellen Autotransfusion (IAT) in der kurativen Tumorchirurgie galt bisher als Kontraindikation, da theoretisch von einer Tumorzellverschleppung durch das retransfundierte autologe Erythrozytenkonzentrat ausgegangen werden muß. Durch den Einsatz eines Membranfilters in Kombination mit einem Cell-Saver haben wir aus einem mit urologischen Tumorzellen angereicherten Erythrozytenkonzentrat Tumorzellen experimentell separiert. Falls sich diese Ergebnisse in der klinischen Anwendung des kombinierten Cell-Saver-Membranfiltereinsatzes bestätigen, hat dies für die Tumorchirurgie durch die Möglichkeiten des Einsatzes der intraoperativen maschinellen Autotransfusion weitreichende Konsequenzen.

Immunologische Auswirkungen von Fremdbluttransfusionen können im Rahmen von kurativen Tumoroperationen zu einer schlechteren Prognose führen. Dies wurde von mehreren retrospektiven Studien, vornehmlich beim kolorektalen Karzinom, aber auch beim Prostata-Karzinom gezeigt [1,5]. Die vorläufigen Ergebnisse einer randomisierten Gegenüberstellung von autologen und homologen Transfusionen in der kolorektalen Chirurgie zeigen, daß die belegte immunsuppressive Wirkung von Fremdbluttransfusionen sich negativ auf die postoperative Infektionsrate auswirkt. Ob der in dieser Arbeit dargestellte Trend einer deutlich höheren Rezidivrate bei Fremdblutgabe anhält, müssen längere Nachbeobachtungszeiten zeigen [6].
Es scheint jedoch sehr sinnvoll, insbesondere in der Tumorchirurgie fremdblutsparende Maßnahmen noch mehr als bisher auszuschöpfen. Der Einsatz der intraoperativen maschinellen Autotransfusion (IAT) in der kurativen Tumorchirurgie gilt bisher als Kontraindikation, da theoretisch von einer Tumorzellverschleppung durch das retransfundierte autologe Erythrozytenkonzentrat ausgegangen werden muß [3]. Zur Untermauerung dieser These gibt es nur wenige Daten. Yaw et al. wiesen 1975 in durch IAT während einer Tumoroperation gewonnenen Blutproben sowohl vor als auch nach Zentrifugation in einem Autotransfusionsgerät (Bentley-System) Zellen nach, die morphologisch mit den Zellen aus dem resezierten Tumorgewebe übereinstimmten [11]. Diese Daten wurden experimentell von Homann et al. [7] bestätigt. In dieser Arbeit konnte nachgewiesen werden, daß bestimmte Tumorzell-Linien (Kehlkopf-Karzinom, Prostata-Karzinom, Nierenzell-Karzinom) auch durch mehrfache Passage des Bentley-Autotransfusionsgerätes nicht vollständig eliminiert werden konnten. In den Versuchen wurde eine Tumorzell-Reduktion auf 18,2 % nach erster Gerätepassage und auf maximal 3 % nach fünfter Gerätepassage erreicht.

Eine Kultivierung der Tumorzellen war in allen Fällen möglich [7].
Dale et al. [2] zeigte als erster, daß auch durch den Gebrauch eines modernen Cell-Savers Tumorzellen nicht komplett aus autologem Blut eliminiert werden können. Ebenfalls unter Verwendung verschiedener Tumorzell-Linien (EBV-transformiertes lymphoblastoides Karzinom sowie humanes Adeno-Karzinom) wurde die Gesamtradioaktivität von mit Cr51 markierten Tumorzellen, die einem Erythrozytenkonzentrat beigemischt waren, nach Cell-Saver-Passage auf 87 % reduziert [2].
Trotz dieser experimentellen Ergebnisse veröffentlichte die Arbeitsgruppe Klimberg und Hart [4,8] erste klinische Erfahrungen mit der intraoperativen maschinellen Autotransfusion bei urologischen Tumoroperationen (radikale Zystektomie bzw. Prostatovesikulektomie). Bei einer Nachbeobachtungszeit von 12-23 Monaten bei 49 Patienten betrug in diesem Zeitraum die Überlebensrate 91,8 %, 2 Patienten erkrankten an einem Tumorrezidiv. Die Autoren schlossen aus der niedrigen Rezidivrate und der geringen Inzidenz von Fernmetastasen, daß die Autotransfusion keine Tumoraussaat induziert. Von einer Untersuchung des retransfundierten autologen Blutes auf darin verbliebene Tumorzellen wurde jedoch nicht berichtet [8,4]. Durch die noch nicht ausreichende Klärung der Möglichkeit einer Retransfusion von bei Tumoroperationen durch IAT gewonnener Erythrozytenkonzentrate steht nach wie vor die Forderung im Raum, diese Unklarheiten durch eingehende experimentelle Untersuchungen zu beseitigen [3]. Wir prüften die Effizienz von speziellen Membranfiltern zur Tumorzell-Elimination aus autologem Blut.

Methodik I

Die Rückhaltefähigkeit von Membranfiltern auf experimentelle Tumorzellen wurde bisher nur von Miller untersucht [9]. Die speziellen Membranfilter (RC 100, Fa. Pall) werden eingesetzt zur Entfernung von Leukozyten, Thrombozyten und Mikroaggregaten aus EK's. Als Zellnachweisverfahren dienten Mikroskopie, Kultur und die Flüssigszintillation. Zur Herstellung definierter Tumorzellsuspensionen verwendeten wir Langzeittumorzell-Linien von urologischen Tumoren (Urothel-, Prostata- und Nierenzellkarzinom), die in üblichen Verfahren in der Zellkultur herangezüchtet wurden und uns vom Institut für Experimentelle Pathologie des DKFZ zur Verfügung gestellt wurden.
In der ersten Versuchsanordnung wurden die Tumorzellsuspensionen mit 120 ml Züchtungsmedium, in wässriger Lösung also, um einen optimalen Tumorzellnachweis zu führen, in der Waschglocke des Cell-Savers einem standardisierten Waschvorgang unterzogen. Danach wurde die Suspension durch den Membranfilter gegeben. Die filtrierte Lösung wurde aufzentrifugiert, mikroskopisch untersucht und erneut in Zellkulturen angelegt, die 3 Wochen nachbeobachtet wurden.

Ergebnisse I

Aus 27 Tumorzellsuspensionen konnten sämtliche Tumorzellen eliminiert werden. Alle aufbereiteten Suspensionen der 3 urologischen Tumorzell-Linien waren nach Cell-Saver-

und Membranfilter-Passage nicht mehr anzüchtbar. Bei den mikroskopischen Untersuchungen fanden sich keinerlei Tumorzellen (Abb.1).

Methodik II

Nach klar reproduzierbaren Ergebnissen der Tumorzell-Separation aus wässriger Trägerlösung beimpften wir in einem 2. Schritt Erythrozytenkonzentrate mit den Tumorzellen. Der Nachweis der Tumorzellen wurde über eine spezifische Markierung mit radioaktivem 35S geführt, die nur vitale Tumorzellen markiert.

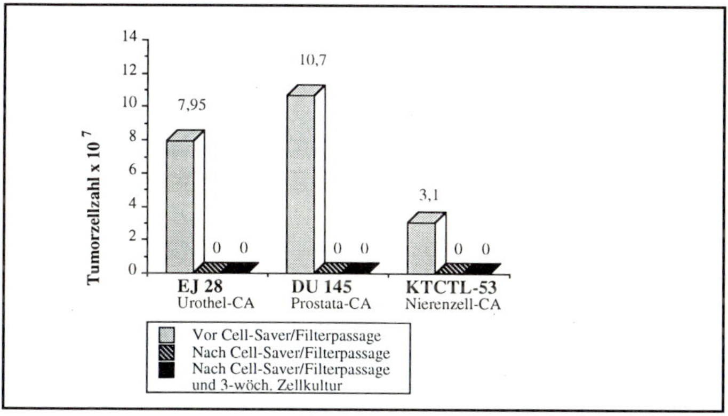

Abb. 1: Tumorzellelimination durch Cell-Saver/Membranfilterpassage (n= 27)

Ergebnisse II

Aus insgesamt 12 Versuchsreihen (Abb.2) ergab sich: Nach Passage des Cell-Savers allein waren im Blut noch 11 % bzw. 32 % der Ausgangsaktivität nachweisbar. Nach Passage durch die 2 speziellen Membranfilter befand sich eine Restaktivität im Blut von 0,20 % bis 0,29 %. Nach Zentrifugation zur Auftrennung von zellulärem Anteil und Überstand befand sich der größte Anteil der verbliebenen Radioaktivität im Überstand. Diese Radioaktivität im Überstand ist sicherlich nicht auf intakte Tumorzellen zurückzuführen. So

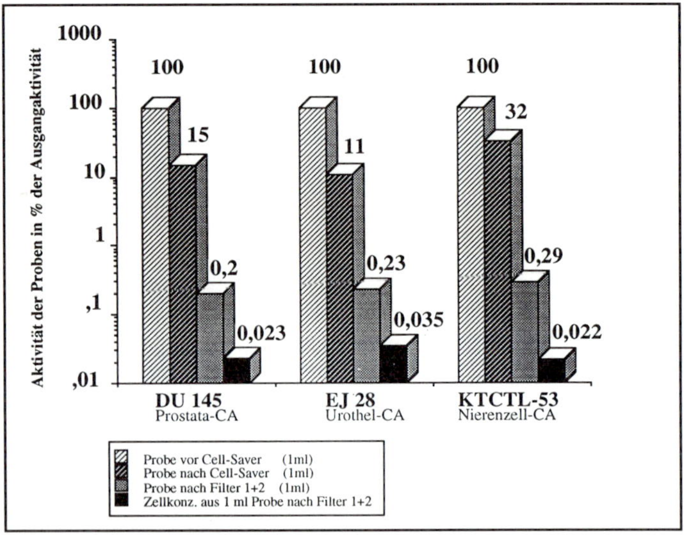

Abb. 2: Tumorzellelimination aus EK durch Cell-Saver/Membranfilterpassage (n = 27, Anteil der Restaktivität in % der Ausgangsaktivität)

verbleibt also eine Restaktivität im zellulären Anteil nach Passage der beiden Filter von 0,022 % bis 0,035 % bezogen auf die Ausgangsaktivität der entsprechenden Menge Blut vor Cell-Saver/Filter-Passage. Nach Cell-Saver-Passage war noch fast die gesamte Radioaktivität mit 96,9 % in der zellulären Fraktion nachweisbar. Nur 3,1 % des radioaktiven 35S befand sich im Überstand. Deshalb ist es um so erstaunlicher, daß nach der Filterpassage der größte Anteil der verbliebenen Radioaktivität nun im Überstand nachzuweisen ist. Die geringe Restaktivität im zellulären Anteil, die nur knapp über dem background (0 - 20 Zerfälle/min.) war, könnte auf geschädigte Zellen oder Zelltrümmer zurückgeführt werden.

Zusammenfassung und Ausblick

Die Versuchsergebnisse zeigen, daß eine extrem hohe Rückhaltung der zellulär gebundenen Radioaktivität auf einen Faktor 3 700 : 1 durch Verwendung spezieller Membranfilter erreicht werden kann. Ausgehend von unseren Versuchsergebnissen, bei denen durch Verwendung des Nährmediums als Trägerlösung ein optimaler Nachweis einzelner Tumorzellen, sowohl mikroskopisch als auch durch Zellkultur möglich war, ist auszuschließen, daß im Überstand nachgewiesene Radioaktivität auf Tumorzellen zurückzuführen ist [10].

Die vorgestellten experimentellen Versuchsergebnisse zeigen eine Möglichkeit, auch mit einfachsten Mitteln Tumorzellen aus bei der Operation zurückgewonnenem maschinell gewaschenem Blut höchst wirksam zu eliminieren. Auch Miller berichtet von einer vollständigen Tumorzell-Elimination aus Erythrozytenkonzentraten in einer ähnlichen Versuchsanordnung durch kombinierten Cell-Saver/Membranfilter-Einsatz [9].

Obwohl in klinischen Studien bisher in keinem Fall von einer durch Autotransfusion verursachten Metastasierung berichtet wurde, ist das metastatische Angehen von in autologem Blut vorhandenen Tumorzellen weiterhin fraglich und ungeklärt, aber letztlich nicht auszuschließen [4, 8]. Deshalb erscheint die vollständige Entfernung der im Cell-Saver-Blut vorhandenen Tumorzellen als der sicherste Weg, um den Patienten unter Verwendung seines Eigenblutes vor einer nicht abschätzbaren Gefahr zu schützen.

Im klinischen Einsatz, insbesondere bei großen onkologischen Operationen, sind die Möglichkeiten bei der Einsparung von Fremdblut bei weitem noch nicht ausgeschöpft. Die intraoperative maschinelle Autotransfusion hat ihre besondere Aufgabe vor allem bei chirurgischen Eingriffen mit hohen Blutverlusten, deshalb könnten die Patienten durch den risikolosen Einsatz der IAT unter Verwendung spezieller Membranfilter bei großen onkologischen Eingriffen sicherlich vor unnötigen Fremdblutgaben bewahrt werden. Der Einsatz der intraoperativen maschinellen Autotransfusion wird jedoch nur durch die Einbindung in das Gesamtkonzept der autologen Transfusion sinnvoll.

Aufgrund der hier vorgelegten Ergebnisse sind die Voraussetzungen gegeben, diesen speziellen Membranfilter klinisch zu erproben. Zusammen mit verbesserten Nachweisverfahren wird der Membranfilter bei der maschinellen Autotransfusion während urologischer Tumoroperationen bei prospektiven Studien an unserer Klinik verwendet.

Literatur

1. *Blumberg, N., Heal, N.J.:* Praeoperative blood transfusion and solid tumor recurrence - a review. Cancer Invest. 5: 615-625 (1987)
2. *Dale, R.F. et al.:* Separation of malignant cells during autotransfusion. Br. J. Surg. 75: 581 (1988)
3. *Dzik, W.H., Sherburne B.:* Intraoperative blood salvage: Medical controversies. Transfusion Med. Rev. 4: 208-235 (1990)
4. *Hart, O.J. et al.:* Intraoperative Autotransfusion in Radical Cystectomy for carcinoma of the bladder. Surg. Gyn. Obst. 168: 302-306 (1989)
5. *Heal, N.J., Chuang, Ch., Blumberg, N.:* Perioperative Blood Transfusions and Prostate Cancer Recurrence and Survival. Am. J. Surg. 156: 374-380 (1988)
6. *Heiss, M.M. et al.:* Vorläufige Ergebnisse in der Vergleichsstudie von autologer und homologer Bluttransfusion in der Kolorektalen Chirurgie. In: Aktueller Stand der Eigenbluttransfusion (Hrsg.: Mempel, W., Heim M.U., Schwarzfischer, G.) S. 122-128. Sympomed, München 1992
7. *Homann, B., Zenner, H.P., Schauber,J., Ackermann, R.:* Tumor cells carried through autotransfusion. Are these cells still malignant? Acta anaesth. belg. 35: 51-59 (1984)
8. *Klimberg, I.W., Sirois R., Wajsmann Z., Baker J.:* Intraoperative Autotransfusion in Urologic Oncology. Arch. Surg. 121: 1326-1329 (1986)
9. *Miller, G.V., Ramsden, C., Primrose, J.N.:* Autologous transfusion: an alternative to transfusion with banked blood during surgery for cancer. Br. J. Surg. 78: 713-715 (1991)
10. *Wiesel, M., Güdemann, C., Staehler, G.:* Tumorzellseparation durch Cell-Saver und Membranfilterpassage. Infusionstherapie 18: 143-144 (1991)
11. *Yaw, P.B., Sentany, M., Link, W.J.:* Tumor cells carried through autotransfusion - contraindication to intraoperative blood recovery. JAMA 231: 490-491 (1975)

A. Quentmeier, K. Buhl

Autologe Transfusion in der Allgemeinchirurgie

Von den verschiedenen fremdblutsparenden Maßnahmen – normovolämische Dilution, intra-/postoperative maschinelle Autotransfusion, präoperative Plasmapherese und Eigenblutspende – kommt der letzteren in der Allgemeinchirurgie die größte Bedeutung zu: Sie ist bei jeder elektiven Operation mit potentiell höherem intraoperativen Blutverlust und eventuellem Substitutionsbedarf indiziert. Allerdings begrenzen hohes Patientenalter, schlechter Allgemeinzustand, niedriger präoperativer Hb-Wert und dringliche Operationsindikation nicht selten die Anwendung der präoperativen Eigenblutspende. Die normovolämische Hämodilution wird lediglich bei dringlicher OP-Indikation ohne vorherige Eigenblutspende oder zusätzlich bei unzureichender Eigenblutspende angewandt. Die maschinelle Autotransfusion findet in der Allgemeinchirurgie nur bei massiver intraabdomineller Blutung, wie z.B. bei Milz- und Lebertrauma, einen ökonomisch gerechtfertigten Einsatz.

Die Probleme der homologen Transfusion [1] d.h. die sero-negative Latenzzeit für etliche Infektionen (insbesondere AIDS), die Allo-Immunisierung, sowie die nicht geklärte immunsuppressive Wirkung, haben in der Transfusionsmedizin zu einem Schub des Umdenkens geführt. Differenzierte Anwendung der verschiedenen fremdblutsparenden Maßnahmen (normovolämische Hämodilution, intra-/postoperative maschinelle Autotransfusion sowie präoperative Plasmapherese und Eigenblutspende) griffen in der Orthopädie [2] sowie der Herz- und Gefäßchirurgie [3,4] breiten Raum. Demgegenüber gibt es andere Bereiche, in denen die Indikationen für die einzelnen Verfahren der autologen Transfusion bislang nicht hinreichend definiert sind.
Dieses trifft insbesondere für die Allgemeinchirurgie zu, da sich hier umfassende Konzepte zur autologen Hämotherapie wegen des hohen Anteils nichtelektiver Eingriffe bzw. von Operationen in der Tumor- und Alterschirurgie nur schwer verwirklichen lassen. Dennoch mehren sich auch für die planbaren Bereiche der Allgemeinchirurgie Berichte über die Anwendung der Eigenblutspende [5, 6].

Blutsparende Maßnahmen

Das geschärfte Bewußtsein und das Wissen um die Risiken der homologen Hämotherapie kann nachweislich behandelnde Chirurgen und Anästhesisten zu einem signifikant sparsameren Umgang mit Blutkonserven veranlassen [7]. Eine Vielzahl von blutsparenden Maßnahmen trägt zu diesem Effekt bei. Auf chirurgischer Seite ist hier in erster Linie auf die Bedeutung zügigen und atraumatischen Operierens für die Minimierung intra- und postoperativer Blutverluste

hinzuweisen. Darüber hinaus können aber auch moderne Geräte blutarmes Operieren erleichtern (z.B. Ultraschall-Dissektor) oder die Blutstillung verbessern (z.B. Hochfrequenzkoagulator mit Argon-Beamer, Infrarotkoagulator, Fibrinspray).
Besondere Bedeutung für die Einsparung von Blutkonserven kommt aber der kritischen Indikationsstellung zur Erythrozytensubstitution zu. Hier sind Anästhesisten und Chirurgen gemeinsam gefordert, in jedem individuellen Fall die Vorteile und Gefahren der Fremdblutgabe kritisch abzuwägen. Da sich ein „kritischer Hämatokrit- oder Hämoglobin-Wert" [8] nicht generell festlegen läßt, muß sowohl in Abhängigkeit von den Gegebenheiten des Patienten (kardiorespiratorisch suffizient versus eingeschränkte kardiorespiratorische Reserve) als auch in kritischer Würdigung des klinischen Überwachungsstatus und der erforderlichen Sicherheitsreserve (Überwachung auf Intensivstation versus Versorgung auf Allgemeinstation) individuell die Entscheidung zur Blutsubstitution gefällt werden. Für die eigene Institution mit den hier vorhandenen Überwachungsmöglichkeiten haben sich die Grenzwerte Hb 8,5 - 10 g/dl für kardiorespiratorisch kompensierte Patienten und Hb > 12 g/dl für Patienten mit koronarer Herzerkrankung oder schwerwiegender respiratorischer Insuffizienz bewährt.

Präoperative Bereitstellung von Blutkonserven

Trotz intensiver Bemühungen um blutsparendes Operieren und kritischer Indikationsstellung zur Blutsubstitution sind auch weiterhin eine Vielzahl von Operationen ohne Blutersatz undenkbar, und es müssen als Sicherheitsreserve präoperativ Blutkonserven bereitgestellt werden. Tabelle 1 zeigt einen Auszug aus der Liste, welche in der eigenen Klinik die Anzahl der präoperativ bereitzustellenden Erythrozytenkonzentrate festlegt. Hierbei ist anzumerken, daß diese Liste keine Allgemeinverbindlichkeit besitzt und eventuell für Kliniken ohne eigene Blutbank modifiziert werden muß. Das Ziel unserer aktuellen Bemühungen ist es, den Bedarf an präoperativ bereitzustellenden Blutkonserven so vollständig als möglich durch Eigenblutspende zu decken.

Tabelle 1: Präoperative Bereitstellung von Blutkonserven

Hals:	Schilddrüseneingriffe	0
Mamma:	alle Eingriffe	0
Thorax:	Pneumonektomie	2
	Ösophagusresektion	4
Magen:	Gastrektomie	2
Galle:	alle Eingriffe	0
Pankreas:	Linksresektion	2
	Whipple-OP	4
Leber:	Resektion, Hemihepatektomie	4
Colon:	Hemikolektomie li	2
	Proctokolektomie + Pouch	3
	ant. Rektumresektion	2
Rektum:	Rektumextirpation	3
Nebenniere:	Adrenalektomie	2

In der orthopädisch-traumatologischen Chirurgie haben sich Stufenkonzepte der autologen Transfusion bewährt, bei denen je nach Ausdehnung und Schwere des Eingriffes entweder nur die präoperative Plasmapherese oder aber die Plasmapherese in Kombination mit der intraoperativen Hämodilution, der maschinellen Autotransfusion und/oder der präoperativen Erythrozytenspende eingesetzt werden [2]. Derartig differenzierte Konzepte wurden für die Allgemeinchirurgie noch nicht entwickelt und sind hier voraussichtlich auch kaum praktikabel.
Erfahrungen mit der alleinigen präoperativen Plasma-Gewinnung durch Plasmapherese bestehen für die Allgemeinchirurgie zur Zeit noch nicht.
Die maschinelle Autotransfusion ist für das Gebiet der Allgemeinchirurgie nur in begrenztem Umfang einsetzbar, da nur bei wenigen Operationen die für den wirtschaftlichen Einsatz dieses Verfahrens notwendige Menge von mehr als 1000 ml Blut asserviert werden kann. Darüber hinaus gelten Eingriffe bei Tumorerkrankungen, Operationen mit Eröffnung des Intestinums und septische Eingriffe wegen der Gefahr der Kontamination der autologen Konserve durch Tumorzellen oder Bakterien als Kontraindikation für dieses Verfahren. Somit reduziert sich der Einsatz der maschinellen Autotransfusion in der Allgemeinchirurgie im wesentlichen auf die elektive Leberchirurgie (insbesondere die Lebertransplantation) sowie auf die Notfalltherapie der schweren intraabdominellen Blutung beim Leber-Milz-Trauma.
Auch die intraoperative Hämodilution wird bislang in der Allgemeinchirurgie nur begrenzt angewendet. In der eigenen Klinik wird die intraoperative Hämodilution vor allem

bei dringlichen und Notfalleingriffen bzw. additiv bei unzureichender präoperativer Eigenblutspende eingesetzt. Der Schwerpunkt der eigenen Bemühungen liegt z.Zt. in der präoperativen Eigenblutspende. Diese erachten wir für alle Elektiveingriffe als sinnvoll, sofern die bekannten Kontraindikationen [1] beachtet werden. Vor Malignom-Eingriffen wird besonderer Wert auf die Eigenblutspende gelegt, um eine unerwünschte Immunsuppression und Begünstigung der Tumorausbreitung, ausgelöst durch Fremdblutkonserven, zu vermeiden [5]. Bei jeder Blutspende werden von den Patienten sowohl ein Erythrozytenkonzentrat als auch ein Gefrierplasma (FFP) gewonnen. Soweit als möglich werden Eigenblutkonserven in jener Anzahl gezogen, welche entsprechend Tabelle 1 für die jeweilige geplante Operation bereitgestellt werden muß. Dennoch wird es, wie das folgende Rechenexempel der perioperativen Hämotherapie bei Patienten mit Magenkarzinom zeigt, ohne einen nicht unerheblichen Anteil an Fremdblutkonserven auch in Zukunft nicht abgehen.

Blutbedarf bei Operationen wegen Magenkarzinoms

In einer retrospektiven Analyse erfaßten wir die perioperative Blutsubstitution bei 436 Patienten mit Magenkarzinom und versuchten abzuschätzen, wie viele dieser Patienten entsprechend ihrem prä-therapeutischen Hb-Wert für eine Eigenblutspende in Frage gekommen wären. 118 der 436 Patienten (27 %) wiesen einen Hb-Wert < 11,0 g/dl auf und hätten somit kein Eigenblut spenden können. Weitere 70 Patienten (16 %) waren mit einem Hb-Wert zwischen

11,0 und 13,0 g/dl nur begrenzt und eventuell nicht in dem erforderlichen Ausmaß von 2 Konserven spendentauglich. Von den restlichen 248 Patienten waren fast 1/3 über der Altersgrenze von 75 Jahren und damit vom Allgemeinzustand her nur fraglich für eine Eigenblutspende geeignet. Entsprechend dieser Rechnung hätten wir also nur bei etwa der Hälfte dieser Patienten eine Eigenblutspende mit Aussicht auf Erfolg durchführen können. Ferner ist kritisch zu analysieren, welche Anzahl von Eigenblutkonserven präoperativ gewonnen werden sollte, um in optimalem Maße Eigenblut zu verwenden und Fremdblutgaben zu vermeiden.
Zur Beantwortung dieser Frage bedarf es der Angabe über den effektiven Verbrauch von Blutkonserven bei Operationen wegen Magenkarzinom. Tabelle 2 gibt hierüber Aufschluß. Insgesamt wurden 1016 Konserven bei den 436 Patienten benötigt, der Substitutionsbedarf streute erheblich zwischen 0 und mehr als 7 Konserven. Allerdings brauchten nur 174 der 436 Patienten (40%) mehr als 2 Blutkonserven.

Tabelle 2: Perioperative Hämotherapie bei Operationen wegen Magen-Karzinoms

Blutkonserven	n
0	151
1 - 2	110
3	61
4	49
5 - 6	35
≥7	29
	436

Tabelle 3 offeriert nun ein Planspiel, welches zeigt, wieviele Eigenblutkonserven gebraucht oder verworfen würden und wie hoch der zusätzliche Fremdblutbedarf wäre bei Eigenblutspende von 2, 3 oder 4 Konserven je Patient. Wie sehr eindrücklich zu erkennen ist, steigt mit zunehmender Anzahl von Eigenblutspenden die Anzahl verworfener Eigenblutkonserven stark an, während der Fremdblutbedarf nicht vollständig unterbunden werden kann. Darüber hinaus ist zu berücksichtigen, daß jene Patienten mit gesteigertem intraoperativen Blutbedarf bevorzugt aus der spendenuntauglichen Gruppe mit niedrigem präoperativen Hb-Wert und schlechtem Allgemeinzustand stammen, so daß die Anforderungen für die präoperative Bereitstellung von Eigenblutkonserven an dieser Patientengruppe auf keinen Fall ausgerichtet werden dürfen. Deshalb beschränken wir uns zur Zeit bewußt auf die präoperative Bereitstellung von 2 Eigenblutkonserven bei Operationen wegen Magenkarzinom und glauben, hier den optimalen Mittelweg zwischen Machbarem und Wünschenswertem gefunden zu haben.

Tabelle 3: Optimierte Eigenblutspende
Planspiel: Magen-Karzinom (n = 436)

Eigenblutspende je Patient	2	3	4
Eigenblutspende insgesamt	872	1308	1744
Eigenblutkonserven gebraucht	564	738	851
Eigenblutkonserven verworfen	308	570	893
Fremdblutbedarf zusätzlich	452	278	165
Blutbedarf insgesamt	1016	1016	1016

Literatur

1. *Mathias, D.:* Präoperative Eigenblutspende. In: Autologe Bluttransfusion (Hrsg.: Martin, E. et al.) S. 53-61. Kaden, Heidelberg 1992
2. *Mehrkens, H. H., Geiger, P., Weindler, M., Wollinsky, K. H., Pohland, H.:* Verfahren zur apparativen autologen Spende und Transfusion. In: Transfusionsmedizin 1990/91 (Hrsg. Kretschmer, V., Stangel, W., Weißhaar, D.) S. 274-282. Karger, Basel 1991
3. *Goodnough, L. T., Johnston, M. F. M., Toy, P. T. C. C.:* The variability of tranfusion practice in coronary artery bypass surgery. JAMA 265: 86-90 (1991)
4. *Pittmann, R. D., Inahara, T.:* Eliminating homologous blood transfusion during abdominal aortic aneurysma repair. Am. J. Surg. 159: 522-524 (1990)
5. *Martin, M., Merkle, P.:* Autologer Blutersatz in der Allgemeinchirurgie. Anästhesiol. Intensivmed. Notfallmed. Schmerzther. 26: 211-213 (1991)
6. *Bott, K., Weidig, A., Dahlmann, H.:* Blutverlust und Fremdblutbedarf bei elektiven allgemein-chirurgischen Eingriffen als Grundlage der Indikation zur präoperativen Eigenblutspende. Chirurg 61: 121-123 (1990)
7. *Goodnough, L. T.:* Erythropoietin therapy and autologous blood donation in surgical blood conservation programs. In: Hämatologie (Hrsg.: Mempel, W. et al.) Vol. 1, S.74-81. Sympomed, München 1992
8. *v. Bormann, B., Friedrich, M.:* Der kritische Hämatokrit aus klinischer Sicht. Anästhesiol. Intensivmed. Notfallmed. Schmerzther. 26: 219-223 (1991)

B. Paetz

Autologe Transfusion in der Gefäßchirurgie

In der Gefäßchirurgie ist die präoperative Eigenblutspende das Verfahren der Wahl, um homologe Konserven zu vermeiden. Jede Klinik sollte anhand einer hauseigenen Statistik ermitteln, wieviele Konserven für welchen Standardeingriff benötigt werden. Die Plasmapherese ist ein überzeugendes Verfahren, welches zukünftig auch in der Gefäßchirurgie an Bedeutung gewinnen wird. Die isovolämische Hämodilution stellt eine Ergänzung zur Eigenblutspende dar, wenn der Patient kein oder zu wenig Eigenblut gespendet hat. Nachteilig ist die potentielle Verlängerung der Narkoseeinleitungszeit. Die intraoperative Autotransfusion stellt bei großen Elektiveingriffen eine Ergänzung zum vorhandenen Eigenblut dar, wenn es zu unvorhergesehenen Blutungen kommen sollte. Bei blutreichen Notfalleingriffen (rupturiertes Aortenaneurysma, Beckenvenenthrombose) ist die intraoperative Autotransfusion die einzige Möglichkeit, Fremdblut einzusparen. Steht ein Cell-Saver zur Verfügung, sollte der kostenbewußte Einsatz „auf Abruf" bevorzugt werden. Der adäquate Umgang mit Gefäßprothesen, insbesondere das ausreichende Preclotting, stellt eine wesentliche Maßnahme zur Einsparung von Blutkonserven dar.

Um die Verabreichung homologer Konserven sinnvoll zu reduzieren, sollte jede Klinik ermitteln, wieviele Bluteinheiten für welchen Eingriff benötigt werden und welcher Anteil durch autologe Blutgewinnung gedeckt werden kann.

Blutbedarf in der Gefäßchirurgie

Der Blutbedarf für standardisierte Elektiveingriffe ist abhängig von hausinternen Gegebenheiten. Jede chirurgische Abteilung sollte wissen, wieviel Blut bei welcher Operation durchschnittlich verbraucht wird. Daraus ergibt sich die Zahl der präoperativ bereit zu stellenden Konserven. Die in einer solchen Konservenbereitstellungsliste (Tab. 1) enthaltenen Empfehlungen geben die Gesamtzahl der erforderlichen Bluteinheiten wieder, also die Summe aus homologen und autologen Konserven. Eine solche Zusammenstellung hat den Charakter einer hausinternen Richtlinie, die für die Mehrzahl standardisierter Elektiveingriffe anwendbar ist, von der im Einzelfall aber selbstverständlich abgewichen werden kann und muß.

Gefäßchirurgische Eingriffe ohne präoperative Konservenbereitstellung

Unter bestimmten Voraussetzungen (Blutgruppe bekannt, Antikörper-Suchtest durchgeführt, Blutbank im Haus) halten wir es für gerechtfertigt, überschaubare gefäßchirurgische Standardeingriffe ohne präoperative Bereitstellung

Tabelle 1: Konservenbereitstellungsliste der Sektion Gefäßchirurgie der Chirurgischen Universitätsklinik Heidelberg Stand März 1992.

Supraaortal:	Brachialisembolie	0 EK
	Karotis (TEA, Aneurysma)	0 EK
	Glomustumor	2 EK
	Karotis-Subklavia-BP	0 EK
	Subklavia-Transposition	0 EK
	Vertebralarterie	0 EK
	Axillofemoraler Bypass	0 EK
Aorto-Iliakal:	Thorakales Aneurysma	8 EK
	BAA elektiv	4 EK
	BAA symptomatisch	4 EK
	BAA rupturiert	8 EK
	Bifurkations Bypass	2 EK
	Aortofemoraler BP, unilateral	2 EK
	Becken-TEA	2 EK
	Nierenarterie	2 EK
	Nierenarterie mit BAA oder Bif.-BP	4 EK
Portokavaler Shunt:	Warren-Shunt usw.	4 EK
Leiste:	Femoralisembolie	0 EK
	Falsches Leistenaneurysma	0 EK
	Profundaplastik	0 EK
	Femoralisgabel-Transposition	0 EK
Infrainguinal:	Femoropoplitealer Bypass	0 EK
	Kruraler Bypass	0 EK
	Jump-Graft, Composite-Graft	0 EK
Varizen:		0 EK
Sympathektomie:	thorakal, lumbal	0 EK
Resektion:	1. Rippe/TOS/TIS	2 EK
Amputationen:	Grenzzone	0 EK
	Ablatio cruris	0 EK
	Ablatio femoris	2 EK

von Blutkonserven vorzunehmen. Das gilt für Operationen, bei denen erfahrungsgemäß (fast) nie Blut benötigt wird. Sollte überraschend eine Transfusion erforderlich sein, steht in ca. 15 Minuten homologes Blut bereit. Wir führen alle supraaortalen und infrainguinalen Gefäßrekonstruktionen ohne präoperative Konservenbereitstellung durch (Tab. 1, Tab. 2).

Gefäßchirurgische Eingriffe mit präoperativer Konservenbereitstellung

Wir halten die präoperative Bereitstellung von Blutkonserven bei allen größeren Rekonstruktionen im Bereich des Körperstammes für erforderlich (Tab. 2). Die heutige Rechtslage zwingt den Arzt, immer dann die Indikation für eine Eigenblutentnahme zu prüfen, wenn bei der geplanten Operation „ernsthaft" mit einer Transfusion zu rechnen ist. Der Begriff „ernsthaft" wird diesbezüglich von Juristen noch unterschiedlich interpretiert (siehe Beitrag von W. Weißauer). Schon deshalb ist es empfehlenswert, daß jede Klinik einen Katalog erstellt, in welchem der hausinterne Konservenbedarf für standardisierte Wahleingriffe dokumentiert ist. Genaugenommen müßte der Blutbedarf auf den individuellen Operateur zugeschnitten werden. Eine derartige Forderung wird bisher jedoch weder im medizinischen noch im juristischen Schrifttum verbindlich formuliert.

Präoperative Eigenblutspende in der Gefäßchirurgie

Die präoperative Eigenblutspende sollte aus unserer Sicht vor allen Wahleingriffen erfolgen, bei denen mit einem Blutbedarf von 2 oder mehr Konserven zu rechnen ist. Das gilt

Tabelle 2: Zusammenfassende Darstellung („Faustregel") der präoperativ bereitzustellenden Erythrozytenkonzentrate (EK) für elektive Standardeingriffe in der Gefäßchirurgie. Bei fehlenden Kontraindikationen sollte der Blutbedarf durch Eigenblutspende gedeckt werden.

Eingriffe ohne präoperative Konservenbereitstellung		
* alle supraaortalen Eingriffe		
z. B.	Karotis-TEA	
	Karotis-Subklavia Bypass	
* alle infrainguinalen Eingriffe		
z. B.	Femoralis-TEA	
	Profundaplastik	
	Femoropoplitealer Bypass	
	Varizen	
Eingriffe mit präoperativer Konservenbereitstellung		
* alle Eingriffe am Körperstamm		
Aorta:	Thorakales Aneurysma	8 EK
	Infrarenales Aneurysma	4 EK
Aortoiliakal (AVK):		
	Bifurkationsprothese	2 EK
	Becken-TEA	2 EK
Viszeralarterien:		2 EK
Portokavaler Shunt u.ä.:		4 EK

nach den Erfahrungen unserer Klinik für alle gefäßrekonstruktiven Eingriffe am Körperstamm (Tab. 2), also für das thorakale und infrarenale Aortenaneurysma, für alle aortoiliakalen Revaskularisierungen (aortofemoraler Bypass bei Arterieller Verschlußkrankheit (AVK), Ausschälplastik der Beckenetage, alle Eingriffe an den Viszeralarterien (z.B. Nierenarterienrekonstruktion) und Shuntoperationen bei portaler Hypertension (z.B. portokavaler Shunt, Warren-Shunt).

Durchführung der präoperativen Eigenblutspende

Wenn der geplante operative Eingriff nach hausinterner Erfahrung voraussichtlich eine Transfusion erfordert und der Patient keine Kontraindikationen aufweist, wird über die Gefäßambulanz ein Termin zur Eigenblutspende vereinbart. Zwischen 2 Eigenblutentnahmen wird ein Mindestabstand von 1 Woche eingehalten. Sind mehr als 2 Eigenblutentnahmen vorgesehen (z.B. 4 Einheiten für das Bauchaortenaneurysma), so hat es sich als sinnvoll erwiesen, die ersten 3 Konserven ambulant abzunehmen und die 4. Konserve unmittelbar nach stationärer Aufnahme zu gewinnen (Abb. 1). So lassen sich in 3 Wochen 4 Eigenblutkonserven bereitstellen.
Mit der ersten Eigenblutspende beginnen wir eine orale Eisensubstitution (150 mg Eisen II/Tag), die bis zur stationären Aufnahme fortgeführt wird. Die Gabe von Erythropoietin (EPO) ist aus unserer Sicht für den routinemäßigen Einsatz bisher nicht zu empfehlen.
Der Mindestabstand zwischen letzter Eigenblutentnahme und Operation beträgt 72 Stunden.

Wenn Notfälle oder Kapazitätsprobleme der Klinik eine Verschiebung des Operationstermines erfordern und dadurch Eigenblut zu verfallen droht, kann die älteste Konserve dem Patienten nach dem Prinzip des Bocksprungverfahrens retransfundiert werden, wobei gleichzeitig 1 oder 2 neue Eigenblutkonserven gewonnen werden können.
Sollte die in der hausinternen Konservenbereitstellungsliste festgelegte Anzahl von Bluteinheiten nicht durch Eigenblutspende zu gewinnen sein, müssen die fehlenden Konserven durch Fremdblut bereitgestellt werden, sofern nicht durch Plasmapherese oder isovolämische Hämodilution zusätzliches autologes Blut gewonnen werden kann.

Spezielle Limitierung der Eigenblutspende in der Gefäßchirurgie

Bezüglich der Kontraindikationen zur präoperativen Eigenblutspende (siehe Beitrag von D. Mathias) ist zu bedenken, daß der primäre Hämoglobin-Wert bei den häufig exsikkierten Gefäßpatienten irreführend hoch sein kann und nach Infusionstherapie soweit absinkt, daß eine Eigenblutspende nicht mehr indiziert ist. Ferner ist der Hb-Abfall durch Eigenblutentnahme altersabhängig. Die Faustregel, daß eine Eigenblutspende 1 g/dl Hb-Abfall bewirkt, gilt lediglich für junge und ansonsten gesunde Menschen. Bei über 60jährigen Patienten führt die Entnahme eines Eigenblutes schon zu einem Hb-Abfall von 2 g/dl. Die Entnahme von 4 Eigenblut führt bei Patienten unter 60 Jahren zu einem Hb-Abfall von 2,8 g/dl, bei Patienten über 60 Jahren zu einem Hb-Abfall von 4,5 g/dl [1]. Neben den kardialen Kontraindikationen sind insbesondere mangelnde Kooperation und Verwirrtheit häufige Gründe, die eine Eigenblutspende bei Patienten mit peripherer AVK vereiteln. Die trockene Zehennekrose bei AVK IV stellt für uns keine Kontraindikation zur Eigenblutentnahme dar. Infizierte Nekrosen im Sinne einer feuchten Gangrän mit entsprechenden klinischen und labor-chemischen Entzündungszeichen gelten jedoch als Kontraindikation.

Eigenblut - Retransfusionsrate

Die Indikation zur Retransfusion eines autologen Blutes wird intraoperativ und im Aufwachraum vom Anaesthesisten gestellt, wobei individuelle Parameter des Patienten wie Hämoglobin, Hämatokrit und Alter zu berücksichtigen sind. Nach größeren gefäßchirurgischen Eingriffen ergibt

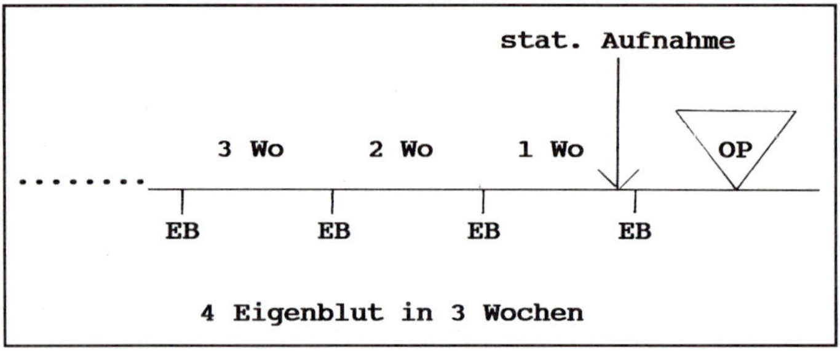

Abb. 1. Zeitlicher Ablauf der Eigenblutspende vor gefäßchirurgischen Wahleingriffen (EB=Eigenblutspende). Bei 4 Eigenblutspenden wird die letzte Konserve unmittelbar nach der stationären Aufnahme gewonnen, jedoch mindestens 72 Stunden vor der Operation.

sich häufig erst 1 bis 3 Tage postoperativ eine Transfusionsbedürftigkeit, wobei auch dann an das Vorhandensein eventueller Eigenblut-Restbestände zu denken ist.
Die Retransfusion von Eigenblut ist keinesfalls risikofrei und braucht deshalb eine individuelle Indikation. Neben pharmakologischen Risiken (Zitratbelastung) und dem Risiko der Luftembolie ist insbesondere das Verwechslungsrisiko zu bedenken, welches bei autologer Transfusion häufiger als bei homologer Transfusion sein soll [1]. Keinesfalls muß oder darf Eigenblut retransfundiert werden, nur weil die Konserven vorhanden sind oder ansonsten verfallen würden.
Die homologe Verwendung von autologem Blut ist nicht statthaft [3].
Bei peripherer AVK ist aus rheologischen Gründen ein Hämatokrit um 30% optimal, weshalb schon deshalb eine unkritische Retransfusion nicht sinnvoll ist.
Im eigenen Krankengut liegt die Eigenblut-Retransfusionsrate für das Bauchaortenaneurysma bei 87%, für die Bifurkationsprothese (AVK-Patienten) bei 72%. Insgesamt wird in unserem Hause in der Gefäßchirurgie etwa ein Drittel aller Eigenblutkonserven verworfen.

Intraoperative Autotransfusion

Notfalleingriffe. Bei gefäßchirurgischen Notfalleingriffen, die erfahrungsgemäß einen größeren Blutbedarf erfordern, stellt die intraoperative Autotransfusion die einzige Möglichkeit dar, die Gabe von Fremdblutkonserven zu reduzieren. Die klassischen Indikationen sind das rupturierte Aortenaneurysma und die Beckenvenenthrombektomie.

Je nach klinikinterner Ausstattung kommt für die intraoperative Autotransfusion der Cell-Saver oder das Solcotrans-System infrage. Wir bevorzugen den Cell-Saver. Insbesondere bei der Beckenvenenthrombektomie hat sich jedoch auch das Solcotrans-System hervorragend bewährt [2].

Elektiveingriffe. Bei großen Elektiveingriffen kann und sollte die intraoperative Autotransfusion ergänzend zur präoperativen Eigenblutspende eingesetzt werden (z.B. Aortenaneurysma).

Kostenbewußter Einsatz des Cell-Savers. Steht ein Cell-Saver zur Verfügung, so ist die Verwendung „auf Abruf" zu empfehlen. Das intraoperativ aufgesaugte Blut wird in einem speziellen Auffangbeutel gesammelt (z.B. Vacufix ATU, Braun Melsungen), wobei der Cell-Saver selbst noch nicht betriebsbereit gemacht wird. Sollte der Blutverlust gering bleiben, braucht die teuere Ausrüstung des Cell-Savers nicht in Betrieb genommen werden. Die kostenintensive maschinelle Aufarbeitung erfolgt erst, wenn ausreichend Blut abgesaugt wurde (mehr als 1 Liter).

Blutsparender Umgang mit Gefäßprothesen

Die autologe Transfusion ist zweifellos eine adäquate Methode, um die Gabe von Fremdblut zu reduzieren. Es muß jedoch vorrangiges Ziel sein, alle Möglichkeiten zur Verminderung des operationsbedingten Blutverlustes auszunutzen. In der Gefäßchirurgie ist diesbezüglich der korrekte Umgang mit künstlichen Blutleitern von herausragender Bedeutung.

Bekanntlich sind die üblichen Dacronprothesen, egal von welchem Hersteller, primär nicht blutdicht. Blutdicht wird eine Dacronprothese erst nach ausreichendem Blutkon-

takt, der sogenannten Vorgerinnung (Preclotting). Die Vorgerinnung muß vom Chirurgen am Operationstisch vorgenommen werden und braucht je nach Verfahren etwa 15 Minuten und 30 bis 150 ml Patientenblut.
Die verschiedenen in der Literatur beschriebenen Methoden des Preclotting [4] haben alle ihre Vor- und Nachteile, die hier nicht erläutert werden können. Entscheidend ist jedoch, daß ein ausreichendes Preclotting überhaupt durchgeführt wird. Ein vorzeitiges Freigeben des Blutstromes ohne adäquates Preclotting verursacht einen erheblichen Blutverlust, der ein bis mehrere Liter betragen kann.
Auf die heute im Fluß befindlichen Indikationen zur Verwendung primär-blutdichter Gefäßprothesen (PTFE und beschichtete Dacronprothesen) kann an dieser Stelle nicht eingegangen werden.

Literatur

1. *Eckstein, R., Weisbach, V.:* Qualitätskontrollen nach Eigenblutkonserven. In: Aktueller Stand der Eigenbluttransfusion (Hrsg.: Mempel, W. et al.) S.57-62. Sympomed, München 1992
2. *Husfeldt, K. J., Raschke, R., Betzer, F., Doldt, H.:* Whole Blood Intraoperative Salvage and Reinfusion in Patients Undergoing Venous Thrombectomy. Eur. J. Vasc. Surg. 4: 391-393 (1990)
3. Richtlinien zur Blutgruppenbestimmung und Bluttransfusion. Deutscher Ärzte-Verlag, Köln 1988
4. *Yates, S. G., Aires, A. B., Barros, D. S. A., Berger, K., Fernandes, L. G., Wood, S. J., Rittenhouse, E. A., Davis, C. C., Mansfield, P. B., Sauvage, L. R.:* The Preclotting of Porous Arterial Prostheses. Ann. Surg. 188: 611-622 (1978)

V. Ewerbeck, K. Sommer

Autologe Transfusion in Orthopädie und Traumatologie

Das „Heidelberger Konzept“ der autologen Transfusion besteht aus vier chronologisch aufeinanderfolgenden Maßnahmen: 1. der präoperativen Plasmapherese, 2. der präoperativen Hämodilution. 3. der intraoperativen Erythrozytenaufbereitung, 4. der postoperativen Drainageblutaufbereitung. Durch dieses seit 1987 bei 2400 Patienten durchgeführte Vorgehen gelingt es, bei 80% der operativen Wahleingriffe auf Fremdbluttransfusionen zu verzichten. Die lange Haltbarkeit von Plasmakonserven führt zu einem Höchstmaß an organisatorischer Flexibilität. Aus diesem Grund wird der Plasmapherese der Vorzug gegeben vor Eigenblutspenden in Form von Vollblut oder Erythrozytenkonzentraten. Die Substitution der entnommenen Plasmavolumina erfolgt durch Gelatine, zu anaphylaktoiden Reaktionen kam es bei 1,7% der Patienten. Bei traumatologischen Patienten liegt der Schwerpunkt des Autotransfusionskonzeptes bei der intraoperativen Blutrückgewinnung. Unter Berücksichtigung sämtlicher Faktoren hat sich das „Heidelberger Konzept“ betriebswirtschaftlich als kostenneutral erwiesen.

Das Risiko der Übertragung einer Non-A-Non-B-Hepatitis wird für chirurgische Patienten, die Bluttransfusionen erhalten, mit 4-12 % angegeben [6]. Für das gesamte orthopädische und chirurgische Patientenkollektiv (Ausnahme: kardiochirurgische Eingriffe) beträgt das Risiko einer solchen Infektion in Schweden 2,4 % [3].
Lange planbare Eingriffe bilden den Hauptbestandteil der operativen orthopädischen Tätigkeit. Dadurch bestehen günstige Voraussetzungen, Fremdbluttransfusionen zu vermeiden. Schon sehr früh entwickelte die Universitätsklinik Heidelberg unter Modifikation des „Ulmer Modells" [15] mit dem „Heidelberger Konzept" einen 4-Stufen-Plan [14], der sich seit 1987 bestens bewährt hat (Tab. 1). Die möglichst vollständige Anwendung der vier chronologisch aufeinanderfolgenden Maßnahmen hat dazu geführt, daß bei bis zu 80 % der operativen Wahleingriffe auf Fremdbluttransfusionen verzichtet werden kann.

Indikationen und Kontraindikationen

Geeignet für dieses Vorgehen sind grundsätzlich alle Patienten, denen Wahleingriffe mit einem vorhersehbaren Blutverlust von 800 ml und mehr bevorstehen. Die gemessenen Blutverluste sind angesichts des standardisierten Vorgehens bei vielen dieser Wahleingriffe für manch einen Operateur überraschend hoch: Die retrospektive Untersuchung großer Kollektive verschiedener Arbeitsgruppen [11, 13] hat gezeigt, daß der mittlere Blutverlust bei Primärimplantationen von Hüftgelenksendoprothesen bei 1.600 ml liegt. Kriterien, welche die Durchführung einer präoperativen Plasmapherese verhindern, sind in Tabelle 2 zusammenfassend aufgeführt. Es zeichnet sich ab, daß der Ausschluß von Tumorpatienten aus dem Autotransfusionsprogramm nicht mehr gerechtfertigt ist. Der Ausschluß aus dem Plasmaphereseprogramm hat überwiegend organisatorische Gründe: Ein langfristiges Hinausschieben eines kurativ-resezierenden Eingriffes unter dem Gesichtspunkt der „Fremdbluteinsparung“ erscheint aus onkologischen Gesichtspunkten als nicht vertretbar. Bei onkologischen Patienten, die eine neoadjuvante (= präoperative) Chemotherapie erhalten, ist der Eingriff zwar lange Zeit vorher planbar, der therapiebedingt stark reduzierte Allgemeinzustand der Patienten verbietet jedoch einen zusätzlichen Entzug von Plasmaeiweiß durch die Plasmapherese. In neuerer Zeit mehren sich jedoch die Anzeichen, daß die Vermeidung von Fremdbluttransfusionen bei onkologischen Patienten zu einer Verbesserung der Prognose führen kann. So konnte Heiss et al. [5] zeigen, daß die Vermeidung von Fremdbluttransfusionen zu einer signifikanten Senkung der postoperativen Komplikationsrate nach Resektion kolorektaler Karzinome führt. Erste Längsschnittbeobachtungen in ihrem Patientenkollektiv deuten zudem darauf hin, daß nach homologer Bluttransfusion häufiger lokale Tumorrezidive bzw. Metastasen auftreten als bei Patienten, deren perioperative Blutverluste durch Eigenbluttransfusionen substituiert werden konnten.

Tabelle 1: Autologer Blutersatz: „Heidelberger Konzept“ (Sommer et al. [14])

1. Präoperative Plasmapherese
2. Präoperative Hämodilution
3. Intraoperative Erythrozytenaufbereitung
4. Postoperative Drainageblut-Aufbereitung

Inwieweit diese Daten auf orthopädisch-onkologische Patienten übertragen werden können, ist nicht bekannt. Die intraoperative Autotransfusion während tumorchirurgischer Eingriffe gilt bislang als kontraindiziert. Im durch den Cell-Saver aufbereiteten Retransfusionsblut konnten Lenz et al. [8] relevante Mengen von vitalen Tumorzellen nachweisen, die grundsätzlich geeignet sind, hämatogene Metastasen zu induzieren. Nachdem Wiesel et al. [17] jedoch zeigten, daß die Kombination von Cell-Saver und Membranfilterpassage geeignet ist, Tumorzellen zu separieren, zeichnet sich auch hier eine mögliche Relativierung der Kontraindikation von intraoperativer Autotransfusion bei Tumorpatienten ab.

Nur unter erheblichen Einschränkungen kann das Vier-Stufen-Konzept des autologen Blutersatzes bei traumatologischen Patienten angewendet werden. Da mit wenigen Ausnahmen keine langfristig planbaren Eingriffe durchgeführt werden, entfällt die Möglichkeit der präoperativen Plasmapherese. Die unmittelbar präoperative Hämodilution ist zwar grundsätzlich möglich, sollte jedoch nur bei Patienten durchgeführt werden, deren Kreislauf- und Laborparameter zuverlässig stabile Werte zeigen (siehe Ausschlußkriterien,

Tabelle 2: Ausschlußkriterien für eine präoperative Plasmapherese
– Septisches Krankheitsbild, Infektionen
– instabile koronare Herzkrankheit
– Körpergewicht < 25 kg
– Hb < 12 g%
– Hk < 25 Vol%
– Störung der Haematopoese
– Eiweißmangel (< 6,5 g%)
– Gerinnungsstörungen (Quick < 60 %)
– maligne Tumoren

Tab. 2). Dies kann z.B. bei Patienten mit Frakturen des koxalen Femurs durchaus gegeben sein. Bei allen Patienten, bei denen der verletzungsbedingte Blutverlust nicht exakt abzuschätzen ist, kann die präoperative Hämodilution jedoch nicht empfohlen werden. Der Schwerpunkt des Autotransfusionskonzeptes liegt somit bei traumatologischen Patienten bei der intraoperativen Blutrückgewinnung. Bei der operativen Versorgung von offenen Frakturen müssen jedoch wegen einer möglichen bakteriellen Kontamination Bedenken geäußert werden gegen die Rücktransfusion intraoperativ aufbereiteter Erythrozyten [1].
Die Eigenblutspende in Form von Vollblut oder Erythrozytenkonzentraten hat sich bei uns weniger bewährt. Die zeitlich begrenzte Verfügbarkeit der Blutkonserven terminiert den Operationszeitpunkt und führt dadurch zu einem Verlust von organisatorischer Flexibilität. Überdies können konservierte autologe Erythrozyten in den ersten Stunden nach der Retransfusion nur in beschränktem Umfang Sauerstoff transportieren. Die Rückkehr zur vollen Sauerstofftransportfunktion kann bis zu 72 Stunden betragen [12].

Organisation

Die Operationsindikation wird von einem Oberarzt der Orthopädischen Klinik gestellt und vom Klinikdirektor oder seinem Vertreter gebilligt. Gleichzeitig wird der Patient mit dem Angebot des autologen Blutersatzes vertraut gemacht. Akzeptiert er dieses „Service-Angebot", erhält er einen Anamnesebogen und ein ausführliches Informationsblatt über die einzelnen Schritte des Verfahrens. Im Anschluß daran wird mittels Röntgenuntersuchung der Lunge, EKG und

Lungenfunktionsuntersuchung geklärt, ob der Patient für eine präoperative Plasmapherese geeignet ist. Mit den Ergebnissen dieser Untersuchungen folgt die Vorstellung des Patienten bei dem für die Plasmapherese verantwortlichen Oberarzt der Anästhesieabteilung. Dieser veranlaßt die notwendigen Laboruntersuchungen und – falls erforderlich – zusätzliche Funktionstests und fachärztliche Konsiliaruntersuchungen.
Bei feststehendem Operationstermin wird vom Leiter der Abteilung Anästhesie für jeden Patienten auf dem Narkoseprotokoll schriftlich festgelegt, welche Teile des Vier-Stufen-Konzeptes angewendet werden.

Durchführung

Liegen keine Ausschlußkriterien (Tab. 2) vor, erfolgt die Vergabe von Terminen für die Plasmapherese (Stufe 1 des Autotransfusionskonzeptes). In Abhängigkeit von dem zu erwartenden Blutverlust werden vor den gängigen Operationen unterschiedliche Mengen an Plasma entnommen (Tab. 3). Das Entnahmevolumen in einer Sitzung beträgt jeweils 600 ml Plasma, die Terminabstände betragen 10 Tage. Bei Kindern wird in einer Sitzung maximal 10 ml

Tabelle 3: Plamsapherese: Entnahmevolumina in Abhängigkeit vom bevorstehenden Eingriff

Kniegelenks-Totalendoprothese	1 × 600 ml
Hüftgelenks-Totalendoprothese	2 × 600 ml
Hüftgelenks-Wechsel-OP	3 × 600 ml
Beckenosteotomie	1-3 × 600 ml
Wirbelsäulenchirurgie	3-6 × 600 ml

Plasma pro kg Körpergewicht entnommen. Von erheblicher Bedeutung ist die lückenlos und akribisch durchzuführende Dokumentation, die sicherstellt, daß Verwechslungen entnommener Plasmaeinheiten unmöglich sind. So wird eine Plasmakonserve unter anderem durch persönliche Unterschriften des entnehmenden Arztes und des Patienten gekennzeichnet.
Die präoperative Hämodilution (Stufe 2 des Autotransfusionskonzeptes) hat den Vorteil, vollwertige Erythrozyten zu liefern [7]. Unmittelbar nach Narkoseeinleitung – noch vor Beginn der Operation – werden 1.000 ml Vollblut entnommen und isovolämisch durch 1.000 ml Haemaccel 35® ersetzt. Die präoperative Hämodilution wird auch bei mittelgroßen Eingriffen durchgeführt, bei denen eine präoperative Plasmapherese nicht indiziert ist. Nur einige Stunden bei Raumtemperatur konserviert, nimmt das Hämodilutionsblut unmittelbar nach Retransfusion den Sauerstofftransport auf und beinhaltet sämtliche Gerinnungsfaktoren einschließlich funktionstüchtiger Thrombozyten. Die Sauerstoffversorgung peripherer Gewebsanteile wird durch die Hämodilution nicht beeinträchtigt [10], ebensowenig treten chirurgisch relevante Gerinnungsstörungen auf. Die Retransfusion des autologen Vollblutes erfolgt bei unkompliziertem Operationsverlauf zum Zeitpunkt des Faszienverschlusses.
Der Cell-Saver zur Aufbereitung von Erythrozyten aus intraoperativ verlorenem Blut (Stufe 3 des Autotransfusionskonzeptes) wird ab einer unteren Grenze von 600 ml Blutverlust eingesetzt. Die Retransfusion der so gewonnenen Erythrozyten erfolgt in Kombination mit dem präoperativ gewonnenen Eigenplasma, so daß voll funktionsfähiges Eigenblut zur Verfügung gestellt wird.
Für die Aufbereitung des postoperativen Blutverlustes (Stufe 4 des Autotransfusionskonzeptes) wurde ein geschlos-

senes System aus Kunststoffbauteilen (Handy-Vac) entwickelt. Dieses System ermöglicht die Aufbereitung des aus verschiedenen Drainagen in ein gemeinsames Reservoir zusammengeführten Drainagenblutes in der Haemolight-Maschine.
Die verschiedenen Phasen des autologen Transfusionskonzeptes erfordern die Verwendung eines geeigneten Plasmasubstitutes. Hier hat sich Gelatine als besonders sichere kolloidale Lösung erwiesen. Die einzigen klinisch relevanten Nebenwirkungen beruhen auf Histaminliberation-bedingten anaphylaktoiden Reaktionen, die durch Histamin-Rezeptor-Antagonisten leicht zu vermeiden bzw. beherrschen sind [9, 10, 2]. Zu solchen Reaktionen kam es, bezogen auf unser Kollektiv von 2.400 Patienten, bei denen insgesamt 6.300 Plasmaeinheiten entnommen wurden, in 1,7 ‰ der Fälle (patientenbezogen). Der Volumenersatz bei Entnahme von 600 ml Eigenplasma erfolgt durch 500 ml Haemaccel 35® und 500 ml Ringerlactat. Die ausschließliche Substitution durch Ringerlactat haben wir verlassen, da insbesondere bei älteren Patienten dessen rasche Ausscheidung gelegentlich zu Volumenmangelreaktionen geführt hat, die durch die simultane Kolloidinfusion vermieden werden konnten.

Wirtschaftlichkeit

Nach Einführung und konsequenter Anwendung des Autotransfusionskonzeptes hat sich erwartungsgemäß der Bedarf an Fremdblutkonserven drastisch senken lassen (Tab. 3). Erstaunlicherweise erwies sich die Einführung dieses Konzeptes auch *betriebswirtschaftlich* als rentabel (Tab. 4).

Kostenentwicklungen in jüngster Zeit haben dazu geführt, daß im Vergleich zur Fremdbluttransfusion das Autotransfusionskonzept betriebswirtschaftlich etwas weniger günstig als 1987 gesehen werden muß, jedoch kann an unserer Klinik zum heutigen Zeitpunkt das Verfahren als zumindest kostenneutral gelten. In keinem Falle darf übersehen werden, daß das Autotransfusionskonzept durch die breite Akzeptanz bei Patienten, die den Wert dieses Service-Angebotes rasch erkannt haben, zur Vollbelegung der Klinik beiträgt. Da gravierende Komplikationen wie Infektionserkrankungen (Hepatitis, AIDS u.a.) mit hohen Folgekosten vermieden werden, ist das Autotransfusionskonzept *volkswirtschaftlich*

Tabelle 4: Einsparung von Fremdblutkonserven nach Einführung des Autotransfusionskonzeptes

Jahr	Narkosen	Fremdblutkonserven
1986	3.065	3.198
1987	3.289	1.220
	+ 7 %	– 62 %

Tabelle 5: Kostenfaktor Fremdblut vs. autologe Transfusion bei Eingriffen mit 2500 ml Blutverlust. Bilanz 1987, Orthopädische Univ.-Klinik Heidelberg

Verfahren	Kosten
Fremdblut	DM 760,–
Autologe Transfusion	DM 638,–
Ersparnis pro Patient	DM 122,–
Ersparnis bei 600 OP p.a.	DM 73.000,–

derzeit nicht ersetzbar. Der besonders in der Anfangsphase eines solchen Programmes auftretende hohe organisatorische Aufwand ist nicht nur durch das Urteil des Bundesgerichtshofes, sondern durch die Sache selbst gerechtfertigt.

Literatur

1. *Bettermann, A., Bettermann, K. A.:* Organisatorische und rechtliche Aspekte der Eigenbluttransfusion in der Traumatologie. In: Methoden der perioperativen Eigenbluttransfusion (Hrsg.: Mempel, W., Heim, M. U.) Teil II, S. 16-17. Demeter, München 1991
2. *Doenicke, A., Lorenz, W.:* Histamin und Histamin-Rezeptor-Antagonisten. Springer, Heidelberg 1985
3. *Elawad, A., Benoni, G., Mont Gomery, F., Hyddmark, U., Persson, U., Fredin, H.:* Kosten und Nutzen der Blutsubstitution bei orthopädischen Operationen. Acta Orthop. Scand. 62: 435-439 (1991)
4. *Heiss, M. M., Mempel, W., Delanoff, Ch., Mempel, M.:* Vorläufige Ergebnisse in der Vergleichsstudie autologer und homologer Bluttransfusion in der kolorektalen Tumorchirurgie. Vortrag 4. Informationstagung über Eigenbluttransfusion, München 12.-13.4.1991
5. *Heiss, M. M., Pachmann, U., Mayer, G., Gapka, Ch., Denecke, H., Mempel, M., Mempel, W.:* Auswirkungen der Eigenbluttransfusion auf die postoperative Komplikationsrate des kolorektalen Karzinoms. Eine prospektive randomisierte Studie. In: Methoden der perioperativen Eigenbluttransfusion (Hrsg.: Mempel, M., Heim, M. U.) S. 18-25. Demeter, München 1991
6. *Iwarson, S.:* Transfusion transmitted non-A non-B hepatitis. Acta Anaesthesiol. Scand (Suppl) 32: 13 (1988)
7. *Kloevekorn, W., Pichlmayr, H., Sunder-Plassmann, L., Meßmer, K.:* Akute präoperative Hämodilution: Eine Möglichkeit zur Autologen Bluttransfusion. Chirurg 45: 452-459 (1974)
8. *Lenz, G., Reuland, P., Decker, K., Hertl, H.:* Intraoperative Autotransfusion während Tumorchirurgie? Vortrag 4. Informationstagung über Eigenbluttransfusion, München 12.-13.4.1991

9. *Lorenz, W., Doenicke, A., Dittmann, I.:* Anaphylaktoide Reaktionen nach Applikation von Blutersatzmitteln beim Menschen – Verhinderung dieser Nebenwirkung von Haemaccel durch Prämedikation mit H_2- und H_2-Rezeptor-Antagonisten. Anaesthesist 26: 644-648 (1977)
10. *Meßmer, K.:* Hemodilution. Surg. Clin. North Am. 55: 659-678 (1975)
11. *Müller, R. T., Schöppe, G., Reischuk, U.:* Der Fremdblutbedarf in der Hüftendoprothetik – Wertigkeit der Risikominderung durch autologe Retransfusion. Poster: 2. Informationstagung über Eigenbluttransfusion. München 3.6.1989
12. *Reinhart, K., Wiegand, C., Kersting, Th.:* Zur Veränderung der Sauerstoffaffinität durch maschinelle Autotransfusion. Intensivmed. Notfallmed. Anästhesiol. 49: 115-122 (1984)
13. *Singbartl, G., Schleinzer, W.:* Das Konzept der autologen Transfusion – eine Analyse bei 4.357 chirurgisch orthopädischen Patienten betreffs Effizienz und Komplikationshäufigkeit. In: Methoden der perioperativen Eigenbluttransfusion (Hrsg.: Mempel, W., Heim, M. U.) S. 120-122. Demeter, München 1991
14. *Sommer, K., Stein, W., Koch, H., Schöning, B.:* Autologer Blutersatz – Organisation, Technik, Wirtschaftlichkeit. „Heidelberger Konzept". In: Methoden der perioperativen Eigenbluttransfusion (Hrsg.: Mempel, W., Heim, M. U.) S. 71-76. Demeter, München 1991
15. *Schleinzer, W., Mehrkens, K. H.:* Klinisches Konzept der autologen Transfusion. Anästhesiol. Intensivmed. 28: 235-241 (1987)
16. *Schöning, B., Lorenz, W.:* Prevention of cutaneous anaphylactoid reaction of Haemaccel in orthopedic patients with H_1- and H_2receptor-antagonists. Develop. biol. Standard 48: 241-249 (1991)
17. *Wiesel, M., Güdemann, C., Staehler, G.:* Tumorzellreparation durch Cell-Saver und Membranfilterpassage. Infusionstherapie 18: 143-144 (1991)

J. F. H. Gauwerky, G. Bastert

Autologe Transfusion in der Frauenheilkunde

Begleitendes Ziel in der operativen Behandlung ist es, homologe Transfusionen zu vermeiden. In zunehmendem Maße wird hieran die Qualität der Behandlung abgelesen. Neben einer Verbesserung der operativen Technik und der strengeren Indikationsstellung gewinnt die präoperative Eigenblutspende auch in der Gynäkologie zunehmend an Bedeutung. Basierend auf institutsspezifischen Transfusionswahrscheinlichkeiten sind entsprechende Indikationskataloge zu erstellen, die obligate und fakultative Indikationen enthalten. Krebserkrankungen stellen per se keine Kontraindikation zur Eigenblutspende dar. In gleicher Weise wie in anderen chirurgischen Fachdisziplinen hat auch in der Gynäkologie die prä- und intraoperative Hämodilution einen festen Stellenwert. Maschinelle Autotransfusion und Plasmapherese sind zur Zeit von nur geringer Bedeutung. In der Geburtshilfe spielen Verfahren der autologen Transfusion keine Rolle.

Die Frauenheilkunde ist nach dem Urteil des Bundesgerichtshofes, das eine Hysterektomie und somit eine Operation dieses Fachgebietes betraf, in besonderer Weise aufgefordert, sich Gedanken darüber zu machen, wie sich Fremdbluttransfusionen vermeiden lassen. Hierbei stehen mit Sicherheit Überlegungen einerseits zu einem generell sparsameren Umgang mit Blutkonserven, andererseits aber auch zur erhöhten Bereitstellung von autologen Transfusionskonserven im Vordergrund. Darüberhinaus ist mit diesem Gerichtsurteil ein Appell zu blutsparenderen Operationstechniken verbunden. Die Zahl der für eine Operation verbrauchten Blutkonserven wird - stärker als bisher - zu einem Qualitätsmerkmal der operativen Behandlung werden.

Transfusionsraten an der Universitäts-Frauenklinik Heidelberg

Die intraoperative Transfusionsrate an der UFK Heidelberg betrug im Jahr 1991 knapp 2 % (90/4671 operativen Eingriffen). Bei 18 (= 20 %) der 90 transfundierten Patientinnen wurde der Bedarf mit Eigenblut abgedeckt. Verteilt man auf die verschiedenen operativen Eingriffe bzw. Indikationen (Tab. 1), stellt sich die Transfusionswahrscheinlichkeit so dar: Die höchste intraoperative Transfusionsrate haben myokutane Lappenplastiken (35 %). Hierbei handelt es sich meistens um Fälle von Brustkrebsoperationen, welche primär fortgeschritten oder lokal rezidivierend sind, aber auch um Brustrekonstruktionen mit Eigengewebe (TRAM-Lappen) nach Mastektomie. An zweiter Stelle stehen hinsichtlich der Transfusionswahrscheinlichkeit sogenannte

große gynäkologische Operationen, bei denen in 20 % der Fälle eine intra- bzw. perioperative Transfusion notwendig wurde. In dieser Gruppe sind radikale Hysterektomien der Cervix uteri (Wertheim-Meigs-Operation), Radikaloperationen bei Ovarialkarzinomen und große Vulva-Karzinom-Operationen am häufigsten transfusionsbedürftig (42 % bez. 14 %).
Rekonstruktive Operationen der Brust (16 %), subkutane Mastektomien (12 %) folgen in dieser Zusammenstellung. Bei 2/49 Extrauteringraviditäten (4,1 %) war eine intraoperative Transfusion notwendig. Das enspricht exakt der Rupturrate der in dieser Klinik behandelten EUG's.

Tabelle 1: Transfusionsraten bei verschiedenen operativen Eingriffen an der Universitäts-Frauenklinik Heidelberg (n = 90, Zahlen des Jahres 1991)

myokutane Lappenplastiken	7/17 (35 %)
große gynäkologischen Operationen	44/198 (22 %)
Wertheim	10/24 (42 %)
Laparatomie bei Ovarialkarzinom	12/84 (14 %)
Laparatomie bei sonstigen Malignomen	7
Laparatomie mit Darmeingriffen	5
sonstige Laparatomien	10
Reduktion/Lifting	10/64 (15.6 %)
subkutane Mastektomie	3/25 (12 %)
Extrauteringravidität	2/49 (4.1 %)
Hysterektomie	6/225 (2.7 %)
Sectio	7/476 (1.5 %) (0.5 % aller Geburten)
Ablatio mammae und Axillaausräumung, Brusterhaltende Therapie	5/334 (1.5 %)

Patientinnen mit Hysterektomien waren in nicht ganz 3 % transfusionsbedürftig. Operative Geburtsbeendigungen und postpartale Atonien sind nur mit einem geringen Transfusionsrisiko (1,5 %) behaftet.
Bei der Analyse der pro Eingriff applizierten Anzahl von Konserven (Abb. 1) zeigt sich, daß in 63 % der Fälle ein oder zwei Konserven transfundiert wurden - eine Tatsache, die in Zukunft hinsichtlich der Indikationsstellung zur Transfusion kritisch bewertet werden muß.
Berücksichtigt man nur die Fälle, bei denen vier oder mehr Konserven appliziert wurden (Tab. 2), so zeigt sich im Prinzip eine ähnliche Verteilung wie in Tabelle 1. Rekonstruktive

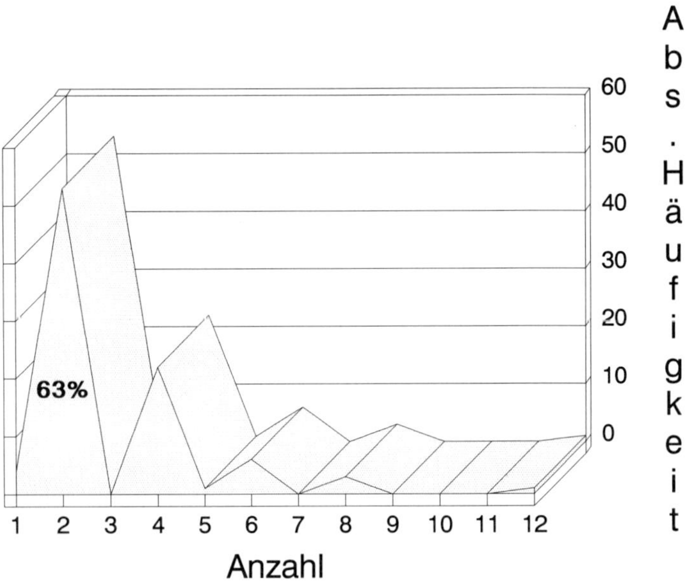

Abb. 1: Häufigkeitsverteilung der pro Patient transfundierten Anzahl von Blutkonserven

Brustoperationen und primäre Mamma-Karzinom-Operationen sind in dieser Zusammenstellung jedoch nicht mehr aufgeführt, da bei Transfusionsbedürftigkeit maximal zwei Konserven gegeben wurden.

Bereitstellung autologer Konserven

Grundsätzliche Entscheidungsparameter bei der Bereitstellung autologer Konserven sind:
1. die Transfusionswahrscheinlichkeit, welche von der Art der Operation und der Erkrankung, aber auch von klinikspezifischen Gegebenheiten abhängt,

Tabelle 2: Transfusionsraten (mit 4 oder mehr Transfusionen) bei verschiedenen operativen Eingriffen an der Universitäts-Frauenklinik Heidelberg (n = 33, Zahlen des Jahres 1991)

myokutane Lappenplastiken	4/17 (24 %)
große gynäkologische Operationen	24/198 (12 %)
Wertheim	6
Laparatomie bei Ovarialkarzinom	7
Laparatomie bei sonstigen Malignomen	3
Laparatomie mit Darmeingriffen	3
sonstige Laparatomien	5
subkutane Mastektomie	1/25 (4 %)
Extrauteringravidität	1/49 (2 %)
Sectio	1/476 (0.2 %)
Hysterektomie	2/225 (0.9 %)

2. der internistische Zustand der Patientin (z. B. koronare Herzkrankheit, Anämie) - ein Faktor, auf den in den Grundsatzartikeln dieses Buches bereits zur Genüge eingegangen ist - und
3. der Zeitfaktor, welcher in der Gynäkologie - abgesehen von akut blutenden Genitalerkrankungen - geringere Bedeutung hat. Im Gegensatz zur Abdominalchirurgie (mit bis zu 40-50 % Notfalleingriffen) sind Notfalleingriffe in der Gynäkologie eher selten.
Somit stellt die Transfusionswahrscheinlichkeit unter Berücksichtigung des internistischen Zustandes und spezieller Kontraindikationen den wichtigsten Entscheidungsparameter dar. Zieht man einen engen Rahmen (siehe Beitrag P. Kerbel), so wird man Operationen mit Transfusionswahrscheinlichkeiten über 2 % - ansonsten über 5 % (siehe Beitrag W. Weißauer) - in das Konzept der Eigenblutspende einbeziehen. Für Wahleingriffe sind die oben genannten Grenzen noch enger zu ziehen. In diesem Konzept muß der individuellen Situation ein besonderer Stellenwert belassen werden.

Indikationen zur Eigenblutspende

Basierend auf den in Tabelle 1 dargestellten Transfusionsraten, unter Berücksichtigung des Zeitfaktors und des internistischen Zustandes kann somit folgendes Indikationsspektrum zur Eigenblutspende in der Frauenheilkunde begründet werden (Tab. 3): Obligat wird die Eigenblutspende zu fordern sein bei allen myokutanen Lappenplastiken, Mamma-Reduktionsplastiken, subkutanen Mastektomien und sonstigen rekonstruktiven Operationen mit breiten

Wundflächen (Bauchdeckenplastik etc.). Fakultativ sollte die Eigenblutspende bei sogenannten großen gynäkologischen Operationen (Wertheim, Ovarialkarzinom, Re-Laparatomie, Laparatomie mit erwarteten Darmeingriffen bzw. Eingriff an Blase und Harnleiter) - insbesondere auch bei Krebsoperationen - erwogen werden. So könnten junge gesunde Frauen mit einem Kollum-Karzinom Ib von dieser Möglichkeit profitieren. Fakultativ sollte ebenfalls in Abhängigkeit vom Darstellungsbild der Erkrankung und ihrer Notwendigkeit bei Hysterektomien und primären Mamma-Karzinom-Operationen die Eigenblutspende erwogen werden.

Eigenblutspende und Schwangerschaft

Generell ist die Geburt mit einem niedrigeren Transfusionsrisiko behaftet. Wenn eine Transfusion notwendig wird, dann in der Regel nur bei abdominal operativen Entbindungen (1,5 % bzw. 0,5 % aller Geburten) und/oder bei intra-

Tabelle 3: Konzept der Bereitstellung von Eigenblut an der Universitäts-Frauenklinik Heidelberg

obligat	fakultativ
Lappenplastik (35 %)	Wertheim (42 %)
Reduktionsplastik (16 %)	sonstige Karzinomoperationen und Laparatomien
subkutane Mastektomie (12 %)	abdominelle/vaginale Hysterektomien (2.7 %)
Bauchdeckenplastik	Ablatio mammae und Axillaausräumung, Brusterhaltende Therapie

bzw. postpartalen Atonien. Individuell ist dieses Transfusionsrisiko nicht vorhersehbar und der Zeitpunkt der möglicherweise notwendigen Transfusion kaum bestimmbar. Desweiteren verbietet die häufig während der Schwangerschaft vorliegende Anämie ein entsprechendes Vorgehen, zumal durch eine konsequente Anämiebehandlung in der Schwangerschaft perinatale Mortalität und Frühgeburtlichkeit gesenkt werden konnten.

Formen der autologen Transfusion

Im gleichen Maße wie in anderen chirurgischen Fachdisziplinen wird in Zukunft die prä- oder intraoperative Hämodilution in das Behandlungskonzept einbezogen werden müssen. Hier muß in enger Kooperation mit dem Anästhesisten bereits im Vorfeld die Indikation gestellt werden. In Betracht zu ziehen ist diese Form der Vermeidung oder Verminderung homologer Transfusionen vor allem bei myokutanen Lappenplastiken und sogenannten gynäkologischen Operationen (s. o.).

Die maschinelle Autotransfusion spielt in der Gynäkologie und Geburtshilfe auf absehbare Zeit keine Rolle. Die Wahrscheinlichkeit einer Transfusion von 6 und mehr Konserven betrug im Jahr 1991 nur 0,002 % (10/4671). Acht und mehr Transfusionen waren nur bei 4 Patientinnen notwendig. Dabei handelte es sich um

1. Ovarial-Karzinom-Stadium III	8 Konserven
2. Parametrane Blutung nach vaginaler Hysterektomie	12 Konserven
3. Wertheim	8 Konserven
4. Ovarial-Karzinom, Second-look-Operation	8 Konserven.

Fall 1 und 4 stellen nach heutigen Kriterien wegen der Tumorzellkontamination eine Kontraindikation zur maschinellen Autotransfusion dar. Im zweiten Fall, welcher von auswärts zugewiesen wurde, lag nach Ausräumung retroperitonealer Hämatome eine diffuse Blutungsneigung vor - eine Situation, in der die Rückgewinnung des ausgetretenen Blutes schwierig wird. Lediglich im Fall 3 (Wertheim) wäre eine maschinelle Autotransfusion diskussionswürdig. Bei einer derart geringen Auslastung des Gerätes sind nicht nur finanzielle Aspekte zu berücksichtigen, sondern auch Fragen der Handhabung und Sicherheit im Umgang mit dem Gerät, welche bei so geringer Übung erschwert wird bzw. vermindert ist.
Die Plasmapherese stellt möglicherweise eine sinnvolle Alternative der Eigenblutspende vor allem bei Wahleingriffen dar. Das hierbei gewonnene und tiefgefrorene Plasma hat eine Haltbarkeit von gut zwei Jahren, so daß organisatorische Schwierigkeiten mit der exakten Einhaltung von Operationsterminen besser überbrückt werden können. Ein vollwertiger Blutersatz kann hiermit jedoch nicht erreicht werden, wohl aber ein guter Volumenersatz. Letztere Eigenschaft führt dazu, daß erfahrungsgemäß die Retransfusionsrate bei dieser Art der autologen Transfusion erheblich über der einer Eigenblutspende liegt.

M. Wiesel

Autologe Transfusion in der Urologie

Urologische Operationen bedürfen nicht selten einer Fremdblutgabe. Bislang sind Maßnahmen zur autologen Transfusion in der Urologie noch wenig verbreitet. Sämtliche Methoden des Konzeptes der autologen Transfusion sind auch bei den speziellen urologischen Operationstechniken anwendbar. In der urologischen Tumorchirurgie wird derzeit der Einsatz der intraoperativen Autotransfusion unter Verwendung spezieller Filtersysteme evaluiert.

In der Urologie wird bisher das Konzept der autologen Transfusion nicht routinemäßig verfolgt, obwohl bei urologischen Operationen nicht selten Transfusionen notwendig sind [6,5,4]. Bereits 1968 berichtete Wilson über die Möglichkeiten der maschinellen Autotransfusion während transurethraler Prostata-Adenom-Resektion. Trotz erster vielversprechender klinischer Ergebnisse fand dieses Verfahren keine breite Anwendung [12]. Erst die in jüngster Zeit in Kraft getretenen Verordnungen über die Verpflichtung zur autologen Bluttransfusion bei elektiven Eingriffen sowie Aufsehen erregende Gerichtsurteile haben auch in urologischen Kreisen die Bedeutung dieses Themas hervorgehoben [2].
Der Bedarf an Blutersatz während und in der postoperativen Phase besteht bei der Prostata-Adenom-Chirurgie (Transurethrale Prostata-Resektion, Adenom-Ektomie), radikalen Zystektomie, radikalen Prostatektomie, bei Operationen großer Nierentumoren (besonders mit Cavazapfen), Salvage-Lymphadenektomie bei Hodentumoren, traumatischen Verletzungen am Urogenitaltrakt (z.B. Nierenruptur, Harnröhrenabriß).

Prostata-Adenom-Chirurgie

Bei der Auswertung von Arbeiten, die sich mit dem Blutverlust bzw. Fremdblutverbrauch während der TUR-P bzw. Adenom-Ektomie beschäftigen, zeigt sich, daß die Blutverluste und die Transfusionsfrequenz höher als erwartet sind. Der Blutverlust ist dabei direkt proportional der Adenomgröße [6, 9]. Patienten mit einem Adenomgewicht >40 g sollten der Eigenblutspende bzw. Plasmapherese unter-

zogen werden. Der Einsatz der maschinellen Autotransfusion im Rahmen der Prostata-Adenom-Chirurgie, wie zuletzt von Staehler und Faul aufgegriffen, sollte speziellen Indikationen vorbehalten bleiben (Adenome >150 g, Zeugen Jehovas) [6,9]. Eigene Untersuchungen zeigen zwar, daß durch die Verwendung von hypo- und iso-osmolaren Spüllösungen keine Schädigung der Erythrozyten stattfindet [9]. Die Beleuchtung der Problematik einer bakteriellen Kontamination aufgrund autologer Erythrozytenkonzentrate während der Prostata-Adenom-Chirurgie zeigt jedoch, daß auch bei sterilem Harn bei ca. 15 % mit einer bakteriellen Besiedlung des Retransfundates (Keimzahl 10^2/ml) zu rechnen ist. Obwohl in einer Pilotstudie die Patienten keinerlei Anzeichen von Unverträglichkeit der autologen Transfusion zeigten, entsprechen die Ergebnisse der bakteriologischen Untersuchungen dieser Erythrozytenkonzentrate nicht den Qualitätsanforderungen [10].
Eigenblutspende und Plasmapherese stellen die effektivste und kostengünstigste Form der autologen Transfusion im Rahmen der Prostata-Adenom-Chirurgie dar.

Urologische Tumorchirurgie

Die radikale Zystektomie und die radikale Prostatektomie sind ideale Indikationen für eine präoperative Eigenblutspende kombiniert mit Plasmapherese. Durch Ausschöpfung dieser Möglichkeiten kann bei ca. 80 % aller Patienten auf eine Fremdblutgabe verzichtet werden [4]. Sollten sich die experimentellen Ergebnisse über die Tumorzell-Elimination mittels Membranfilter und Cell-Saver-Passage in der klinischen Anwendung bestätigen, würde dies bedeu-

ten, daß durch eine Kombination von Eigenblutspende/Plasmapherese und intraoperativer maschineller Autotransfusion praktisch kein Fremdblut mehr bei diesen großen urologischen Tumoroperationen benötigt würde [11].
Ob durch ausschließliche Hämodilution auf die autologe Transfusion bei der radikalen Prostatektomie bzw. Zystektomie verzichtet werden kann, ist zu bezweifeln, da die theoretische Basis der präoperativen Hämodilution unter den spezifischen urologischen Operationsbedingungen nicht zum Tragen kommt [7]. Wenn unter Verwendung moderner Operationsmethoden unter Ausschöpfung autologer Bluttransfusionen auf Fremdblut verzichtet werden kann, ist die - auch wenn bisher nur theoretische - Gefährdung und durch meist retrospektive Studien diskutierte erhöhte Rezidiv- und Metastasierungsrate durch Fremdblutgabe bei Tumoroperationen ausgeschaltet [1].
Für große Nierentumoren, insbesondere mit bis zum Vorhof reichendem Cavazapfen gelten die gleichen Voraussetzungen wie in der Prostata- bzw. Blasenkarzinomchirurgie.
Die Salvage-Lymphadenektomie ist ein operativer Eingriff, der nahezu immer Bluttransfusionen bedarf. Aufgrund der präoperativ durchgeführten induktiven Polychemotherapie stehen die Patienten für eine Eigenblutspende oft nicht zur Verfügung. Über die maschinelle Autotransfusion während der Salvage-Lymphadenektomie liegen keine Daten vor. Ob der Einsatz der MAT mit Verwendung entsprechender Filtrationssystemen in diesen Fällen nicht nur sinnvoll, sondern auch vertretbar ist, läßt sich zum jetzigen Zeitpunkt noch nicht beantworten.

Urologische Traumen

In der urologischen Traumatologie kann es aufgrund von Nierenrupturen und bei kompletten Harnröhrenabrissen mit Prostata-Abscherung zu erheblichen Blutverlusten kommen. Hier besteht die Möglichkeit, durch intraoperative maschinelle Autotransfusion Wundblut aufzusammeln und zu retransfundieren. Es sollte in jedem Falle eine perioperative Antibiose wegen einer möglichen Bakterienkontamination durchgeführt werden.

Zusammenfassung und Ausblick

In Anbetracht der bekannten Risikofaktoren im Zusammenhang mit der Verabreichung von Fremdblut sind trotz eines erheblichen technischen und personellen Aufwands die Möglichkeiten eines autologen Blutersatzes auch für urologische Operationen von großer Bedeutung. Da es sich in der Urologie meistens um elektive Eingriffe handelt, ist insbesondere der Eigenblutspende in Kombination mit der Plasmapherese der Vorzug zu geben. Bei 3/4 der Patienten wäre mit der Bereitstellung von 2 autologen Blutkonserven ein ausreichender Blutbedarf gedeckt. Alle Maßnahmen des Konzeptes der autologen Transfusion erfordern eine praktikable logistische Planung zwischen zuweisendem Urologen und Urologischer Klinik unter Einbeziehung der lokalen Blutbank und der Anästhesiologischen Klinik.

Literatur

1. *Blumberg, N. et al:* Transfusion induced immunomodulation and its clinical consequences. Transfusion Med. Rev. 4 (4): 24-35 (1990)
2. California Statute 37; SB-37, Paul Gann Blood Safety Act. January, 1 (1990)
3. *Faul, P., Partecke, G.:* Der autologe Blutersatz in der Urologie. Urologe A 48: 88-93 (1989)
4. *Gonnermann, D.:* Die autologe Bluttransfusion und Hämodilution bei geplanten großen Eingriffen am Beispiel von 132 radikalen Prostatektomien. Urologe A 30: 410-412 (1991)
5. *Ihara, H. et al.:* Consideration on transfusion in urologic surgery. Acta Urol. Jpn. 36: 27-33 (1990)
6. *Marx, F.J., Schmiedt E.:* Zum intraoperativen Blutverlust bei der transurethralen Resektion (TUR) der Prostata. Temp.Med. 6: 38-42 (1979)
7. *Ness, P.M., Bourke, D., Walsh, P.C.:* A randomized trial of preoperative haemodilution vs. predeposit autologous transfusion in radical retropubic prostatectomy. J. Urol. 145: 319, 292 A (1991)
8. *Paravincini, D.:* Intra- und postoperative Autotransfusion - Eine Qualitätsanalyse. Klin. Wochenschr. 66 (Suppl. XV): 29-32 (1988)
9. *Staehler, G., Jänicke, U., Schmiedt, E., Stelzer, J.:* Autologe Re-Transfusion gewaschener Erythrozyten bei der transurethralen Resektion (TUR) von Prostataadenomen. Urologe A 27:217-20 (1988)
10. *Wiesel, M. et al:* Autotransfusion bei urologischen Operationen. In: Methoden der perioperativen Eigenbluttransfusion (Hrsg.: Mempel, W., Heim, M.U.) S. 138-141. Demeter, München 1991
11. *Wiesel, M., Güdemann, C., Staehler, G.:* Tumorzellseparation durch Cell-Saver und Membranfilterpassage. Infusionstherapie 18: 143-144 (1991)
12. *Wilson, J.D., Goods, D.C., Tarswell, H.F.:* Autotransfusion during transurethral resection of the prostate: Technique and preliminary clinical evaluation. Mayo Clin. Proc. 44: 374-386 (1969)

C. F. Vahl, G. Thomas, S. Hagl

Autologe Transfusion in der Herzchirurgie

Obwohl im perioperativen Verlauf von herzchirurgischen Eingriffen, die mit Unterstützung der Herz-Lungen-Maschine durchgeführt werden, in vielen Fällen eine Fremdblutsubstitution unvermeidlich ist, kann durch Einsatz prä-, intra- und postoperativer Maßnahmen das Ausmaß der Fremdblutsubstitution verringert werden. Dazu gehört z. B. die präoperative Unterstützung des Patienten bei der Organisation von Eigenblutspenden, eine die korpuskulären Bestandteile des Blutes nach Möglichkeit wenig traumatisierende interoperative Perfusionstechnik mit der Herz-Lungen-Maschine, die gezielte postoperative pharmakologische Korrektur der Blutgerinnung und die Retransfusion des Drainageblutes nach Einsatz entsprechender Wiederaufbereitungstechniken. Im Einzelfall wird die Anwendbarkeit der vielfältigen Methoden durch den Patienten selbst limitiert. Trotz des hohen Anteiles an dringlichen Patienten und Notfällen konnte bei gezieltem Einsatz dieser Methoden in Heidelberg ein im internationalen Vergleich gutes Ergebnis erreicht werden.

Im perioperativen Verlauf von herzchirurgischen Eingriffen, die mit Unterstützung der Herz-Lungen-Maschine durchgeführt werden, ist in vielen Fällen eine Fremdblutsubstitution unvermeidlich. Ziel dieser Darstellung ist es, eine grobe Standortbestimmung hinsichtlich des Blutverlustes und der Fremdblutsubstitution für den Bereich der Herzchirurgie zu vermitteln und zu beschreiben, welche Maßnahmen in der Chirurgischen Universitätsklinik Heidelberg ergriffen worden sind, um das Ausmaß der Fremdblutsubstitution zu reduzieren und welche Ergebnisse wir damit erzielen. Aus Gründen der Übersicht beschränkt sich diese Darstellung auf das Krankengut der erwachsenen Patienten.

Als Beispiel aus der aktuellen Literatur sei eine Studie aus Groningen an einem hinreichend großen Patientengut von 1886 Patienten angegeben [3], bei der sowohl der Blutverlust als auch der Blutverbrauch in Abhängigkeit von den durchgeführten Eingriffen angeführt ist (Tab. 1). Zu den Ausschlußkriterien der Studie gehörte eine notfallmäßige Indikation zur Operation. Ferner wurden solche Patienten ausgeschlossen, die wegen Nachblutung innerhalb von 24 Stunden nach der Operation rethorakotomiert werden mußten. In der angeführten Untersuchung wird lediglich die

Tabelle 1: Blutverbrauch in der Herzchirurgie
(nach R. C. G. Gallandat Huet et al., 1991)

Operation	Blutverlust	Fremdblutsubstitution
ACVB	864 ml	1.58 Einh.
Re-ACVB	1171 ml	2.76 Einh.
ACVB mit IMA	1085 ml	2.00 Einh.
ACVB mit Klappe	1420 ml	3.01 Einh.
Aortenklappe	1163 ml	1.99 Einh.
Mitralklappe	1048 ml	1.17
Doppelklappe	2320 ml	5.50

Substitution von Fremdblut dargestellt. Es fehlen Angaben hinsichtlich der Verwendung von Frischplasmen. Ungeachtet dieser Limitationen illustriert diese Studie, daß das Spektrum des Blutverlustes bei dem einfachen Bypass ohne Verwendung der Arteria mammaria interna von 864 ml im Mittel bis hin zu 3220 ml bei Patienten, die einem Doppelklappenersatz unterzogen worden sind, reicht. Der postoperative Blutverbrauch steht, wie die Tabelle zeigt, in engem Zusammenhang mit dem Blutverlust. Aus diesem Grund stehen präventive Bemühungen, den Blutverlust der Patienten gering zu halten, ganz im Vordergrund unserer Interventionsmaßnahmen. Derzeit werden in unserer Klinik im einzelnen folgende Methoden angewendet.

Präoperative Methoden

1. Jeder Patient, der zu einem elektiven herzchirurgischen Eingriff einbestellt wird, erhält unmittelbar nach seiner Anmeldung ein vom Rechner generiertes Anschreiben, in dem Maßnahmen angeführt sind, die dazu beitragen, sein Operationsrisiko gering zu halten. Der Patient wird in diesem Schreiben direkt auf die Möglichkeit einer präoperativen Eigenblutspende und der Plasmapherese aufmerksam gemacht.
Entsprechende Kontaktadressen und Telefonnummern sind in diesem Schreiben angeführt [4, 6, 7, 8].
2. Etwa 14 Tage vor dem geplanten Operationstermin erhält jeder Patient einen weiteren Brief, der ihm unter Verwendung entsprechender Software des Rechners automatisch zugesandt wird. In diesem Schreiben wird der Patient gebeten, unter hausärztlicher Betreuung Aggregationshemmer

abzusetzen. Die Patienten, die sich präoperativ unter einer Marcumartherapie befanden, werden unter hausärztlicher Aufsicht auf Heparin umgesetzt [4, 6, 7, 8].

Intraoperative Methoden

1. Bei kardiozirkulatorisch stabilen Patienten mit einem Hb-Wert über 12 mg/dl wird intraoperativ vor systemischer Heparinisierung und Kanulation der Aorta ascendens Eigenblut gewonnen. Das so gewonnene Eigenblut wird dem Patienten nach Abgang von der Herz-Lungen-Maschine wieder zurückinfundiert.
2. Zur Füllung der Herz-Lungen-Maschine werden kristalloide Lösungen verwendet. Nur in seltenen Ausnahmefällen, bei Hb-Werten, die 10 mg/dl deutlich unterschreiten, muß zur Füllung der HLM auf Blutkonserven zurückgegriffen werden.
3. Während der extrakorporalen Zirkulation kommt es zu einer isovolämischen Hämodilution. Dabei werden Hämatokritwerte von etwa 20 % erreicht.
4. Nach Abgang von der Herz-Lungen-Maschine wird das über die Sauger zurückgewonnene Blut im sogenannten „Cell-Saver“ aufbereitet und dem Patienten mit auf die Intensivstation gegeben.
5. Bei den Patienten, bei denen keine Kontraindikationen für die Gabe von Aprotinin bestehen, wird durch hochdosierte systemische Gabe von Aprotinin versucht, den Blutverlust gering zu halten [1, 2].
6. Eine sorgfältige Blutstillung versteht sich von selbst.
7. Durch Benutzung der sogenannten „Low-flow, Low-pressure“-Perfusionstechnik [5] wird versucht, das Ausmaß der

Traumatisierung der korpuskulären Blutbestandteile gering zu halten. Die Handhabung der „Low-flow, Low-pressure"-Perfusionstechnik ist in Tabelle 2 dargestellt. Da das Blut während der extrakorporalen Zirkulation mechanisch mittels Rollerpumpen perfundiert wird, ist es unmittelbar evident, daß allein durch die im Rahmen dieser Perfusionstechnik erreichte verminderte perfundierte Blutmenge die Kontaktzeit des Blutes mit den Rollerpumpen, mit dem Oxygenator und mit dem Fremdmaterial in den Schläuchen erheblich vermindert wird. Wir versprechen uns von der Benutzung von Membranoxygenatoren einen zusätzlichen verbesserten Funktionserhalt der Thrombozyten.

Postoperative Methoden

1. Bei größeren Blutverlusten über die Drainage wird auch das Drainagenblut über den „Cell-Saver" aufbereitet und dem Patienten zurücktransfundiert.
2. Früh postoperativ findet eine gezielte Korrektur der Gerinnungsparameter statt.

Tabelle 2: „low-flow, low-pressure"-Perfusion

Füllung der Herz-Lungen-Maschine (HLM) mit kristalloiden Lösungen
HLM-Perfusion in Normothermie: 1.8 $l/min/m^2$
HLM-Perfusion in Hypothermie: 1.1 $l/min/m^2$
Arterielle Drucke: 30-50 mmHg
Pulsatiler Herz-Lungen-Maschinen-Fluß
Alpha-stat-Regime
Verwendung von Membranoxygenatoren

3. Insbesondere bei jüngeren Patienten kommt zur postoperativen Bluteinsparung eine von der Klinik abhängige isovolämische Hämodilution in Betracht.
Die anschließende Statistik dient dem Ziel, die durch Einsatz dieser Methoden erreichten Ergebnisse darzustellen. Gleichzeitig ist sie ein Versuch, die Notwendigkeit einer Fremdblutsubstitution bei herzchirurgischen Eingriffen mit empirischem Zahlenmaterial zu belegen. Diese praxisorientierte Zusammenstellung kann damit nicht mehr als eine „Momentaufnahme“ sein, die bereits in näherer Zukunft durch andere Zahlenwerte für die angeführten Eingriffe abgelöst werden dürfte.

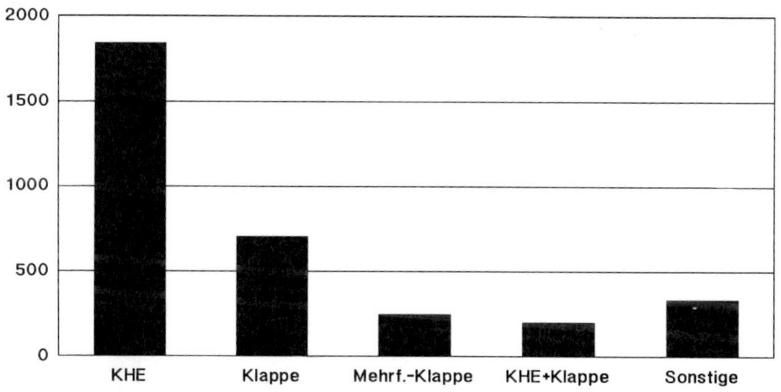

Abb. 1: Art der zwischen Januar 1988 und Januar 1992 in der Abteilung für Herzchirurgie der Chirurgischen Universitätsklinik bei erwachsenen Patienten ausgeführten Operationen (n= 3322)

Operationsindikationen und Art der Transfusionen

Zwischen dem 1. 1. 1988 und dem 1. 1. 1992 wurden in der Abteilung für Herzchirurgie der Chirurgischen Universitätsklinik Heidelberg 3322 erwachsene Patienten operiert (Abb. 1). Mehr als die Hälfte von ihnen unterzog sich einer aorto-koronaren Bypass-Operation. Nur etwa 44 % der Patienten kamen mit elektiver Indikation zum herzchirurgischen Eingriff (Abb. 2). Knapp 20 % der Patienten wurden als Notfall in die Klinik aufgenommen.
Die mittlere Aortenabklemmzeit lag bei den 3332 erwachsenen Patienten bei 64 ± 29 Minuten. Die Dauer der extrakorporalen Zirkulation betrug im Mittel 103 ± 46 Minuten. Die Gesamtoperationsdauer lag im Mittel bei 202 ± 70 Minuten (alle Angaben: Mittelwert und Standardabweichung). Diese Zahlen illustrieren, daß bei herzchirurgischen Eingriffen mit extrakorporaler Zirkulation die Patienten während etwa der Hälfte der Operationszeit systemisch heparinisiert

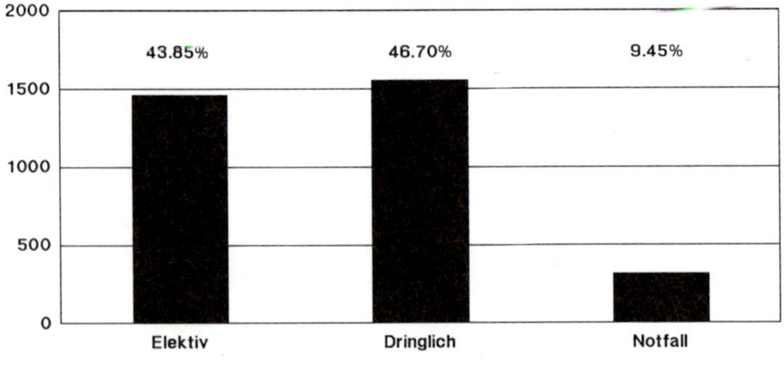

Abb. 2: Dringlichkeit des operativen Eingriffes bei 3332 Patienten (Januar 1988 – Januar 1992)

waren. Dieser Eingriff in die Gerinnungsphysiologie ist eine unvermeidbare methodische Determinante dieser herzchirurgischen Eingriffe, die gleichwohl für postoperative Gerinnungsstörungen eine wesentliche Rolle spielen kann.

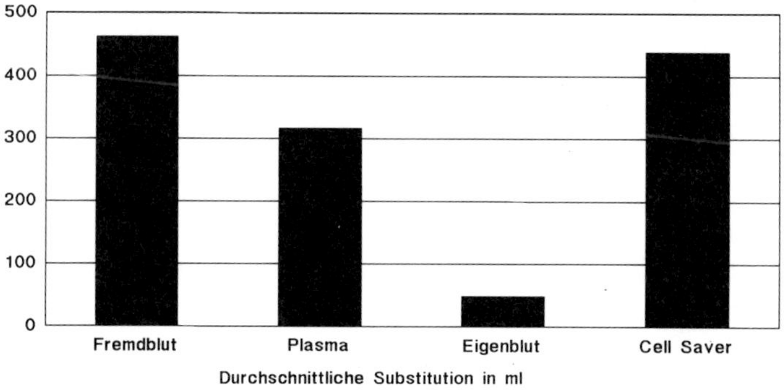

Abb. 3: Intraoperative Blutgabe bei 3332 Patienten (Januar 1988 – Januar 1992)

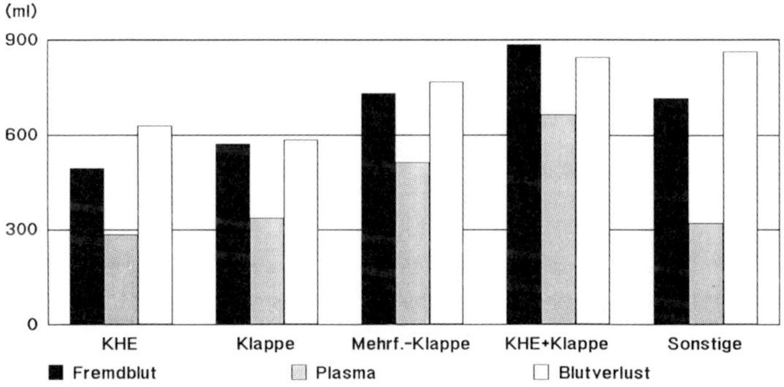

Abb. 4: Postoperative Blutsubstitution in Bezug zur Art der Operation bei 3332 Patienten (Januar 1988 – Januar 1992)

Im Durchschnitt lag die Menge des transfundierten Fremdblutes deutlich über dem Anteil an Eigenblut (Abb. 3). Bei der Angabe der Fremdblutmenge entsprechen 400 ml jeweils einer Einheit Fremdblut, beim Frischplasma entsprechen 300 ml einer Einheit Fremdplasma. Die Darstellung zeigt, daß durch Einsatz des Cell-Savers eine Blutmenge, die in etwa einer Blutkonserve entspricht, im Mittel bei jedem Patienten zurückgewonnen werden kann. Der Eigenblutanteil ist relativ gesehen klein, was sich z.T. aus der Dringlichkeit der OP-Indikation ergibt (Abb. 2).
Der mittlere Blutverlust lag bei den 3332 unselektierten Patienten bei etwa 640 ml. Ähnlich wie in der eingangs erwähnten Studie zeigt sich auch bei den von uns operierten Kranken eine deutliche Abhängigkeit des Blutverlustes. Zwischen dem Ausmaß der Fremdblutsubstitution und der Dringlichkeit der Operation besteht eine signifikante Beziehung (Abb. 5, 6).
In der klinischen Routine der Herzchirurgie werden in Heidelberg derzeit alle bekannten Methoden, um Blut zu

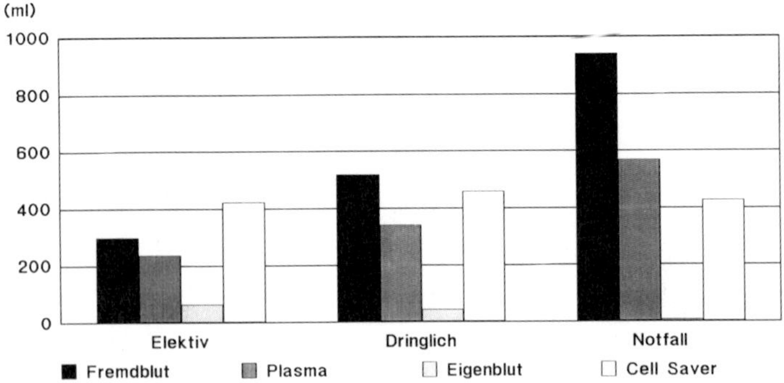

Abb. 5: Intraoperative Blutsubstitution in Bezug zur Dringlichkeit der Operation bei 3332 Patienten (Januar 1988 – Januar 1992)

sparen, in unterschiedlichem Ausmaß eingesetzt. Damit wurde auch eine im internationalen Vergleich niedrige Häufigkeit von Rethorakotomien wegen Nachblutung erzielt und – gemessen an dem komplexen operierten Krankengut – niedrige Werte für den Drainagenblutverlust und die perioperative Fremdblutsubstitution erreicht [1, 2, 3]. Die Anwendbarkeit der einzelnen Methoden zum Blutsparen wird im Einzelfall durch den Patienten selbst limitiert. Es können Kontraindikationen gegen Hämodilution vorliegen, die Dringlichkeit der Operationsindikation wirkt limitierend, das Vorliegen von Nebenerkrankungen kann einschränkend wirken und nicht zuletzt kann die präoperative Gabe von Aggregationshemmern das Ausmaß des perioperativen Blutverlustes erhöhen und damit eine verstärkte Fremdblutsubstitution erforderlich machen. Die „Low-flow, Low-pressure“-Perfusionstechnik [5] ist in Heidelberg als Standardmethode zur Handhabung der extrakorporalen Zirkulation etabliert, die bei jedem Patienten zur Anwendung kommt. Alle anderen Methoden zur Fremdbluteinsparung werden

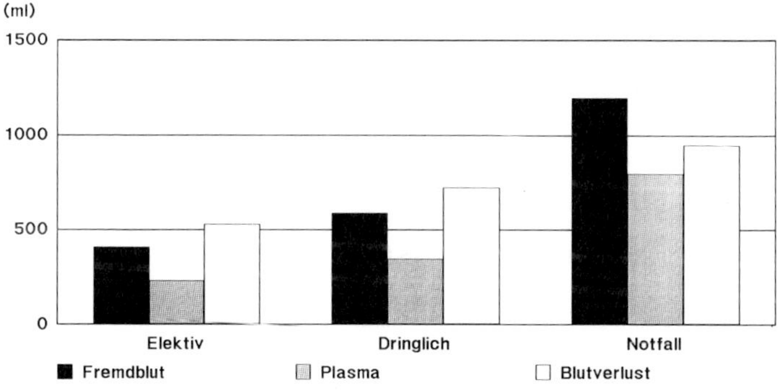

Abb. 6: Postoperative Fremdblutgabe in Bezug zur Dringlichkeit der Operation bei 3332 Patienten (Januar 1988 – Januar 1992)

nur dann verwendet, wenn aus ihr für den Patienten kein zusätzliches Risiko erwächst.
Bei Patienten mit elektiver Indikation für einen herzchirurgischen Eingriff könnte die Wartezeit in enger Kooperation mit dem Hausarzt verstärkt zur Eigenblutspende genutzt werden. Verbesserte Methoden der Aufbereitung von Blutkonserven, wie z.B. die Kryokonservierung, könnten zu einer erheblich verbesserten Haltbarkeit der Konserven führen. Weiter auseinanderliegende Entnahmeintervalle wären gerade für den herzchirurgisch zu operierenden Patienten weniger belastend. Besonders der Plasmapherese kommt in diesem Zusammenhang eine erhebliche Bedeutung zu. Da insbesondere der Koronarpatient, der bei vorliegenden Stenosen im koronararteriellen Gefäßsystem seine Koronarreserve in der Regel bereits ausschöpft, auf eine entsprechende Anzahl von Sauerstoffträgern angewiesen ist, wäre für diese Patientengruppe eine selektive Spende von Eigenplasma weniger belastend.

Literatur

1. *Bidstrupp, B.P., Royston, D., Sapsford, R.N., Taylor, K.M.:* Reduction in blood loss and blood use after cardiopulmonary bypass with high dose aprotinin (Trasylol). J. Thorac. Cardiovasc. Surg. 97: 364-372 (1989)
2. *Dietrich, W., Barankay, A., Dilthey, G., Henze, R., Niekau, E., Sebening, F., Richter, J.A.:* Reduction of homologous blood requirement in cardiac surgery by intraoperative aprotinin application - Clinical experience in 152 cardiac surgical patients. Thorac. Cardiovasc. Surg. 37: 92-98 (1989)
3. *Gallandat Huet, R.C.G., de Geus, R.F., Mungroop, H.E., Borgstein, N.G., Keane, T., Pierce, J.T.M., Karliczek, G.F., Eijgelaar, A.:* Blood use in adult cardiac surgery - extrapolation from the Carola data base. In: Blood use in cardiac surgery (Eds.: Friedel, N., Hetzer, R., Royston, D.) S. 74-77. Steinkopff, Darmstadt 1991

4. *Vahl, C.F., Gams, E., Hagl, S.:* Qualitätssicherung: Kosteneffizienz durch Vielfachnutzung von Daten. Dtsch. Ärztebl. 87: 2458-2462 (1990)
5. *Vahl, C.F., Tanzeem, A., Böhrer, H., Fleischer, F., Hagl, S.:* Postoperative Psychosyndrome und „low-flow, low-pressure"- Perfusion. Z. Herz-Thorax-Gefäßchir. 5: 75-80 (1991)
6. *Vahl, C.F., Tochtermann, U., Gams, E., Hagl, S.:* Efficiency of a computer network in the administrative and medical field of cardiac surgery. Concept and experiences with a departmental system. Eur. J. Cardothorac Surg. 4: 632-638 (1990)
7. *Vahl, C.F., Werdecker, M., Ferber, M., Schmitz, W. Hagl, S.:* Entwicklung EDV- gestützter Operationsbericht- und Arztbriefschreibung in der Herzchirurgie und ihre Beziehung zu klinischer Dokumentation. Z. Herz-Thorax-Gefäßchir. 3: 1-6 (1989)
8. *Vahl, C.F., Werdecker, M., Tochtermann, U., Gams, E. Hagl, S.:* Unselektiertes computerunterstütztes automatisches Follow- up als Standardverfahren in der Herzchirurgie. Z. Herz-Thorax-Gefäßchir. 4: 93-98 (1990)